Penha Carpanedo
Irineu Rezende Guimarães

OFÍCIO
DA NOVENA
DO NATAL

Dados Internacionais de Catalogação na Publicação (CIP)
(Câmara Brasileira do Livro, SP, Brasil)

Guimarães, Irineu Rezende
  Ofício da novena do natal / Irineu Rezende Guimarães, Penha Carpanedo. – 6. ed. – São Paulo : Paulinas, 2013. – (Coleção liturgia no caminho. Série celebrações populares)

ISBN 978-85-356-3664-2

1. Natal   2. Novenas   I. Carpanedo, Penha.   I. Título.   II. Série.

13-11424   CDD-252.61

Índice para catálogo sistemático:
1. Novenas : Natal : Cristianismo   252.61

6ª edição – 2013
3ª reimpressão – 2022

Direção-geral: *Bernadete Boff*
Editora responsável: *Vera Ivanise Bombonatto*
Copidesque: *Ana Cecilia Mari*
Coordenação de revisão: *Marina Mendonça*
Revisão: *Ruth Mitzuie Kluska*
Gerente de produção: *Felício Calegaro Neto*
Diagramação: *Jéssica Diniz Souza*
Ilustração: *Claudio Pastro*

Nenhuma parte desta obra poderá ser reproduzida ou transmitida por qualquer forma e/ou quaisquer meios (eletrônico ou mecânico, incluindo fotocópia e gravação) ou arquivada em qualquer sistema ou banco de dados sem permissão escrita da Editora. Direitos reservados.

Apostolado Litúrgico

Ruca Carlos Silveira Franco Neto, 180
Bairro Jacaré
13318-000 – Cabreúva – SP (Brasil)
Tel./Fax: (11) 4409-2025 / 4409-2551
www.apostoloadoliturgico.com.br
vendas@apostuladoliturgico.com.br

Paulinas

Rua Dona Inácia Uchoa, 62
04110-020 – São Paulo – SP (Brasil)
Tel.: 2125-3500
http://www.paulinas.com.br – editora@paulinas.com.br
Telemarketing e SAC: 0800-7010081

© Pia Sociedade Filhas de São Paulo – São Paulo, 2002

"Aparecido por um instante em nosso meio,
o Messias se deixou tocar e ver solenemente
para perder-se de novo,
mais luminoso e inefável que nunca,
no abismo insondável do futuro.
Veio.
Mas agora
temos que esperá-lo mais do que nunca,
e já não apenas para um pequeno
grupo de eleitos, mas para todos.
O Senhor Jesus virá
na medida em que soubermos esperá-lo ardentemente.
Há de ser um acúmulo de desejos
que fará apressar o seu retorno."

(Pierre Teilhard de Chardin, 1881-1955)

As músicas citadas neste livro estão disponíveis nas plataformas digitais. Para ouvi-las, acesse o seu aplicativo de música através do QR CODE abaixo:

music   ▶ YouTube ⬢ Spotify ᴵᴵᴵ deezer

Textos dos salmos e cânticos bíblicos: Ofício Divino das Comunidades. VV.AA. São Paulo, Paulus, 2001.

O texto da litania após a leitura breve em cada dia da novena é uma adaptação da letra do Mosteiro de Weston (EUA), gravado pelo Mosteiro da Anunciação (GO), no CD *Luz do universo*.

Citações bíblicas: Bíblia Sagrada, edição pastoral. São Paulo, Paulus, 1990.

Nossa capa: Maria, grávida do Verbo, de braços abertos, é imagem da Igreja em oração, com toda a humanidade e o universo, na grande invocação: Vem, Senhor Jesus.

INTRODUÇÃO

Tu vens, tu vens!
Eu já escuto os teus sinais!
(*Alceu Valença*)

Tempo do Advento

Toda celebração cristã tem uma dimensão de espera do Reino. A cada dia suplicamos na oração do Senhor: "Venha o teu Reino!". Entretanto, o Advento nos é dado como um tempo mais intenso de proclamar a vinda do Reino de Deus em nosso mundo e de preparar-nos para a sua vinda. Cremos que o Senhor vem independente de nossa conversão, mas justamente porque ele vem, tão certo como a aurora, apressamos em preparar a sua chegada, abrindo os nossos braços, indo ao seu encontro com toda a ternura do coração.

Nas duas primeiras semanas do Advento, nossa atenção se volta para a vinda gloriosa do Senhor no fim dos tempos. A partir do dia 17 de dezembro, lembrando a espera dos profetas e de Maria, mãe de Jesus, preparamos mais especialmente o Natal, quando celebramos a vinda do Senhor no mistério do seu nascimento e manifestação a todos os povos.

Assim, o tempo do Advento estabelece em nós um ritmo de espera marcado pela escuta da Palavra e pela alegria. Na comunhão com todos os povos e em sintonia com o universo em dores de parto à espera da redenção, gememos no íntimo, esperando a libertação do nosso corpo (cf. Rm 8,22-23), movidos pela ânsia que levava as antigas comunidades a invocarem: *Maranatha*! Vem, Senhor Jesus! (cf. Ap 22,20).

A novena do Natal

A novena do Natal retoma de forma latino-americana a tradição de consagrar os últimos dias do Advento à imediata preparação do Natal (tendo seu início no dia 15). Celebrada especialmente nas famílias e nos grupos, em solidariedade com os doentes e com os mais pobres, atualiza o gesto de Maria em visita à sua prima Isabel (cf. Lc 1,39-45).

Oferecemos aqui uma novena de Natal segundo a proposta do Ofício Divino das Comunidades (p. 497), para dar à sua celebração um estilo mais orante, tão a gosto do povo de nossas comunidades. Sem perder a relação com a vida e a dimensão de compromisso, resgata a tradição litúrgica de orar com salmos, hinos e preces, no jeito afetuoso da religião popular, correspondendo ao "fervor espiritual" que caracteriza a fé dos pobres.

Diferente das novenas de Natal que mudam a cada ano, este subsídio tem caráter permanente. O fato de retomar elementos tão ricos a cada ano possibilita que os participantes se apropriem de sua estrutura e aprofundem o seu sentido. Embora seja permanente, trata-se de um roteiro aberto aos fatos da vida e às particularidades de cada grupo.

As antífonas do Ó

Nosso roteiro valoriza de modo especial as antífonas do Ó. São sete poéticas composições que na tradição romana acompanham o Cântico de Maria nos dias da "semana santa" do Advento, de 17 a 24 de dezembro. São chamadas "do Ó" por causa da exclamação com que se iniciam. A origem destas antífonas remonta ao século VIII e seu autor é desconhecido, embora alguns as atribuam ao Papa Gregório Magno. Mas certamente foi alguém com um profundo conhecimento das Escrituras, porque, a partir de imagens do Antigo Testamento, criou algo novo e original.

Nas antífonas do Ó, o Cristo é invocado com títulos tomados de clássicas imagens bíblicas: Sabedoria, Guia da casa de Israel, Rebento de Jessé, Chave de Davi, Sol da justiça, Rei das nações, Emanuel. Assim, estas antífonas evangelizam nossas imagens de Jesus Cristo, muitas vezes desfocadas e pouco fiéis ao que as Escrituras nos revelam dele. A versão brasileira de Reginaldo Veloso acrescentou dois novos títulos, Mistério e Libertação, para os dias 15 e 16, focando assim uma antífona para cada dia da novena.

Dirigindo-se ao próprio Cristo, a Igreja expressa sua comovida admiração diante da manifestação de Deus nele: o mistério escondido e agora manifestado, a libertação, a Sabedoria que saiu da boca do Altíssimo, o guia do povo em êxodo, o sinal para todas as nações, o portador da chave que liberta das prisões, o Sol nascente, o Emanuel, Deus conosco.

As imagens, quase sempre evocando a força de Deus na vida dos pobres e dos excluídos, conjugam os títulos divinos de Cristo, o Verbo encarnado, com a nossa humanidade. Colocadas como antífonas do Cântico de Maria, expressam o estreito vínculo de Maria com a obra da redenção, na qual ela "sobressai entre os humildes e os pobres do Senhor que dele esperam confiadamente e recebem a salvação" (LG 55). Maria está inserida no ano litúrgico não como sobreposição ou acréscimo devocional, mas organicamente, em especial na liturgia do Advento, que vê nela a mais alta expressão da expectativa messiânica do povo de Israel e "o mais excelso fruto da redenção" (SC 103).

O roteiro de cada ofício

O ofício é cuidadosamente preparado e animado por uma pequena equipe, repartindo entre si os diversos serviços: arrumação do ambiente, acendimento da vela, coordenação geral, animação dos cantos, proclamação das leituras... No espaço, as cadeiras em círculo, o candelabro com as nove velas, a Bíblia...

1. Chegada

As pessoas chegam, sentam-se em silêncio. Um refrão orante cantado repetidas vezes tem a função de conduzir ao necessário silêncio antes da abertura, um tempo de oração pessoal que prepara o louvor comunitário.

2. Acendimento da vela

Alguém acende a vela (uma no 1º dia, duas no 2º, e assim por diante) e recita a oração de bênção. Conforme a tradição judaica, ao "acender o candelabro de Deus em nosso coração, retomamos o caminho da misericórdia e reavivamos a alegria da gratidão". Eis o sentido da vigilância da Igreja à espera do Messias.

3. Abertura

A pessoa que coordena levanta-se e entoa os versos da abertura, alternando com a assembleia. São versos bíblicos de invocação de Deus, que nos convidam ao louvor, a acender a chama da busca e da escuta de Deus.

4. Recordação da vida

Quem coordena introduz o sentido do dia, convidando as pessoas a trazerem a recordação da vida. Não é reflexão de um tema, nem são ainda as preces; é memória de fatos da vida conhecidos e reconhecidos como sinais da vinda do Senhor, ou situações de morte que precisam ser transformadas com a sua presença.

5. Hino

Terminada a recordação da vida, canta-se o hino: "ó vem, ó vem, Emanuel", que bem expressa o mistério do Advento. No final do livro, há outros hinos à escolha, para quem prefere variar.

6. Salmodia

A assembleia senta-se, e quem coordena convida à oração do salmo dizendo a frase bíblica do NT que está no início e a pequena introdução que segue. O(a) cantor(a) entoa o salmo e a assembleia canta, em dois coros... No final do salmo, em silêncio, repete-se no coração (às vezes em voz alta) o que calou mais fundo. Cantamos o salmo, com atenção a cada palavra, unindo a nossa voz à oração do Cristo, ao clamor dos oprimidos e ao louvor de todos os redimidos para renovar a esperança no Deus que abre os céus e faz chover o Salvador. Quem coordena conclui com a oração sálmica.

7. Leitura bíblica

Além da Palavra de Deus cantada e meditada nos salmos e cânticos bíblicos, há uma leitura breve, sempre do NT, escolhida a partir da antífona do Ó.

8. Responso

Após a leitura, o pequeno canto de resposta prolonga a escuta da Palavra e expressa o anseio da Igreja pela vinda do Reino. Duas propostas são indicadas no roteiro e há outras no final do livro.

9. Meditação

Fica-se um instante em meditação silenciosa. Quem coordena poderá fazer uma breve meditação sobre a leitura bíblica, ou simplesmente ler o texto sugerido no roteiro, explicitando o sentido da antífona do Ó do dia correspondente.

10. Cântico de Maria

Este cântico de ação de graças de Maria, a mulher grávida do Verbo de Deus, é o ponto alto no ofício da tarde e ganha mais força no ofício da novena do Natal com as antífonas do Ó, que nos ajudam a viver sem antecipações superficiais o tempo da espera. Um(a) solista canta a primeira parte da antífona e a assembleia, a segunda: "Vem, ó Filho de Maria". Em seguida, canta-se o cântico em dois coros e, no final, repete-se a antífona.

11. Preces, Pai-Nosso e oração

Como povo sacerdotal, elevamos a Deus nossa intercessão pela humanidade e por toda a Igreja, retomando em forma de intercessão a recordação da vida, o salmo, a leitura e a meditação... Quem coordena faz o convite e propõe a resposta, de preferência cantada.

Seguem as preces por parte da assembleia, formuladas e espontâneas. Quem preside convida para o Pai-nosso e conclui com a oração.

12. Bênção

Por fim, quem coordena faz a oração de bênção e despede a assembleia. Quando a novena é feita nas famílias, acrescenta-se a bênção da casa (cf. p. 89). Para o último dia da novena, pode-se combinar uma confraternização entre todas as famílias que participaram da novena, com bênção da mesa (p. 89) e partilha de alimentos. Depois da bênção, sugere-se cantar uma saudação para Maria.

13. Gestos simbólicos

A disposição do espaço em círculo, o candelabro de nove velas e a Bíblia sobre uma tolha de cor rósea apontam para o sentido do mistério celebrado. Quanto aos gestos e posições do corpo, o mais comum é que a comunidade esteja em pé durante o acendimento da vela, a abertura e o hino; sentada na chegada, durante a recordação da vida, a salmodia, a leitura bíblica, o responso e a meditação; novamente em pé no Cântico de Maria até o final da celebração. Faz-se o sinal da cruz, durante o primeiro verso da abertura (vem, ó Deus da vida), no início do Cântico de Maria e na bênção final. Fica ainda como sugestão o gesto de abrir os braços, na antífona do Ó e nas preces, em atitude de quem espera amorosamente indo ao encontro do Salvador.

14. Ministérios

No ofício quem coordena canta os versos da abertura, faz o convite para a recordação da vida, introduz e conclui os salmos com a oração, faz a meditação, convida para o Cântico de Maria, introduz as preces e o Pai-nosso, faz a oração e conclui o ofício com a bênção. Outras pessoas podem se ocupar de outros serviços: fazer a leitura bíblica, cantar o responso, entoar o hino, os salmos etc. A assembleia participa de alguma forma em todos os momentos: participando do canto (abertura, hinos, salmos, responsos), lembrando fatos da vida, ouvindo a leitura e a meditação, fazendo preces.

1º DIA

15 DE DEZEMBRO
Ó MISTÉRIO!

1. Chegada

Silêncio, oração pessoal...

Refrão meditativo: "Senhor, nós te esperamos", n. 1, p. 63. Ou outro à escolha, p. 63 a 64.

2. Acendimento da vela do Advento

Alguém acende a primeira vela e faz a oração:

Bendito sejas, Deus das promessas,
porque iluminas as nossas vidas
com a luz de Jesus Cristo, teu filho,
a quem esperamos com toda a ternura do coração. **Amém.**

3. Abertura

- Vem, ó Deus da Vida, vem nos ajudar! (bis)
Vem, não demores mais, vem nos libertar! (bis)
- Glória ao Pai e ao Filho e ao Santo Espírito! (bis)
Glória à Trindade Santa, glória ao Deus bendito! (bis)
- Aleluia, irmãs, aleluia, irmãos! (bis)
Nosso Senhor vem vindo, a Deus louvação! (bis)
- De pé vigilantes, lâmpadas nas mãos! (bis)
Ele já está bem perto, nossa Salvação! (bis)

4. Recordação da Vida

Iniciamos esta novena de Natal trazendo bem presente todas as nossas preocupações, dificuldades, angústias, mas também realizações, anseios, esperanças...

Invocamos hoje o Senhor como Mistério de amor em nossas vidas! Nesta comunhão, lembremos os fatos, os acontecimentos, as pessoas, os grupos... com quem queremos estar reunidos e unidos nesta espera do novo Natal do Senhor.

As pessoas podem lembrar fatos que são sinais da chegada do Reino já presentes, ou situações que imploram por sua vinda.

5. Hino

Ó vem, ó vem, Emanuel, n. 11, p. 65. Ou outro à escolha, p. 65 a 69.

6. Salmodia

Salmo 80(79), p. 74. Ou outro à escolha, p. 70 a 84.

7. Leitura bíblica

Ef 1,9-10

Leitura da Carta aos Efésios.

Deus nos fez conhecer o Mistério da sua vontade,
a livre decisão que havia tomado outrora
de levar a história à sua plenitude,
reunindo o universo inteiro,
tanto as coisas celestes como as terrestres,
sob uma só Cabeça, o Cristo.
Palavra do Senhor. **Graças a Deus.**

8. Responso

Ó mistério – **aleluia.**
Vem, Messias – **maranatha.**

Deus revelado – **aleluia.**
Ergue teu povo – **maranatha.**

Voz dos profetas – **aleluia.**
Dá esperança – **maranatha.**

Ou: Como o sol nasce da aurora, n. 29, p. 85. Ou outro è escolha, p. 85 a 86.

9. Meditação

Se, na linguagem comum, Mistério tem o sentido de algo secreto ou escondido, na Bíblia, a palavra adquire o sentido de tudo o que é revelado por Deus. É assim que Mateus mostra Jesus revelando o mistério do Reino de Deus aos seus discípulos através de parábolas (cf. Mt 13,11). É neste sentido também que a Igreja primitiva empregava esta palavra para falar da própria vida de fé e de comunidade, especialmente de sacramentos como o batismo e a eucaristia, chamados pelos primeiros cristãos de "os mistérios".

A palavra é usada especialmente para falar da pessoa de Jesus, não apenas porque ele revela os mistérios do Reino aos pobres, mas porque ele próprio é o mistério deste Reino, escondido por gerações, e agora revelado a todos, pelo Espírito. O mistério que a própria pessoa do Salvador realiza e cumpre é a decisão divina de, em Cristo, reconciliar todas as criaturas e de fazer todas as pessoas participarem de sua graça.

10. Cântico de Maria

Na espera amorosa do novo Natal do Senhor, com Maria e com os excluídos de todos os tempos e lugares, aclamamos Jesus como o Mistério de Deus, escondido por séculos e agora revelado aos pequenos. Celebremos a alegre expectativa daquele que vem vindo para saciar nossa fome e sede de justiça: Jesus Cristo, nosso Salvador.

Ó... Ó Mistério:
Escondido há séculos nos céus,
aos fiéis foste um dia revelado,
e dos cegos os olhos recobrados,
já se firmam do coxo os passos seus,
faz o pobre escutar a voz de Deus,
vem, levanta do chão os humilhados, ó, ó.

**Vem, ó Filho de Maria,
o amanhã já se anuncia
quanta sede, quanta espera,
quando chega, quando chega aquele dia?...**

- A minha'alma engrandece o Senhor
e exulta o meu espírito em Deus, meu Salvador;
- porque olhou para a humildade de sua serva,
doravante as gerações hão de chamar-me de bendita.
- O poderoso fez em mim maravilhas,
e santo é seu nome!
- Seu amor para sempre se estende
sobre aqueles que o temem;
- Manifesta o poder de seu braço,
dispersa os soberbos;
- Derruba os poderosos de seus tronos
e eleva os humildes;
- Sacia de bens os famintos,
despede os ricos sem nada.
- Acolhe Israel, seu servidor,
fiel ao seu amor,
- Como havia prometido a nossos pais,
em favor de Abraão e de seus filhos para sempre.
- Glória ao Pai e ao Filho e ao Espírito Santo.
Como era no princípio, agora e sempre. Amém!

11. Preces

Irmãos e irmãs, com Maria, aguardemos vigilantes a manifestação do Filho de Deus que a todos quer salvar.

Maranatha, vem, Senhor Jesus!

- Ó Cristo, Mistério escondido e revelado, faze que sejamos servidores do teu Reino no mundo.

- Ó Cristo, assumiste nossa fraqueza e nossa pobreza, faze-nos fortes e ricos em teu amor!
- Ó Cristo, faze de nosso coração e de todo o nosso ser a tua morada e vem nos salvar!
- Ó Cristo, guia em teu caminho todos nós que te esperamos nas estradas deste mundo...
- Ó Cristo, esperança dos mortais, dá vida e ressurreição às nossas irmãs e irmãos falecidos.

Preces espontâneas...

Pai-nosso
Já está bem perto a nossa salvação! Em comunhão com a criação inteira, que geme e sofre em dores de parto, digamos a oração que o Senhor nos ensinou:
Pai nosso... pois vosso é o Reino, o poder e a glória para sempre.

Oração
Ó Deus de bondade,
olha o teu povo reunido nesta novena de Natal.
Dá-nos a graça de acolher com muita alegria
nosso Senhor Jesus Cristo que vem
e anunciar com nossa vida
o mistério de sua encarnação em nossa humanidade.
Por Cristo, nosso Senhor. **Amém.**

Ou:

Ó Deus, promessa de paz,
enviaste teu filho Jesus,
para revelar o mistério do teu Reino
a todos os povos e nações.
Escuta as preces destes teus filhos e filhas em oração.
Restaura-nos no teu amor,
manifesta a tua misericórdia e dá-nos a tua salvação.
Por Cristo, nosso Senhor. **Amém.**

12. Bênção

O Deus da esperança e da paz permaneça com todos nós e nos abençoe, ele que é Pai, Filho e Espírito Santo. **Amém.**
Bendigamos ao Senhor! **Graças a Deus!**
O auxílio divino permaneça sempre conosco.
E com nossos irmãos e irmãs ausentes.

2º DIA

16 DE DEZEMBRO
Ó LIBERTAÇÃO!

1. Chegada

Silêncio, oração pessoal...

Refrão meditativo: "Senhor, nós te esperamos", n. 1, p. 63. Ou outro à escolha, p. 63 a 64.

2. Acendimento da vela do Advento

Alguém acende a segunda vela e faz a oração:

Bendito sejas, Deus das promessas,
porque iluminas as nossas vidas
com a luz de Jesus Cristo, teu filho,
a quem esperamos com toda a ternura do coração. **Amém.**

3. Abertura

- Vem, ó Deus da Vida, vem nos ajudar! (bis)
Vem, não demores mais, vem nos libertar! (bis)
- Glória ao Pai e ao Filho e ao Santo Espírito! (bis)
Glória à Trindade Santa, glória ao Deus bendito! (bis)
- Aleluia, irmãs, aleluia, irmãos! (bis)
Nosso Senhor vem vindo, a Deus louvação! (bis)
- De pé vigilantes, lâmpadas nas mãos! (bis)
Ele já está bem perto, nossa Salvação! (bis)

4. Recordação da vida

Iniciemos este segundo dia da nossa novena colocando no coração de Deus a vida dos pequenos e dos pobres, dos que são explorados e gemem sob o peso de tantas opressões.
Invocamos hoje o Senhor como Libertação!

Nesta comunhão, lembremos os fatos, os acontecimentos, as pessoas, os grupos... com quem queremos estar reunidos e unidos nesta espera do novo Natal do Senhor.

As pessoas podem lembrar fatos que são sinais da chegada do Reino já presentes, ou situações que imploram por sua vinda.

5. Hino

Ó vem, ó vem, Emanuel, n. 11, p. 65. Ou outro à escolha, p. 65 a 69.

6. Salmodia

Salmo 126(125), p. 77. Ou outro à escolha, p. 70 a 84.

7. Leitura bíblica

Gl 4,4-7

Leitura da Carta aos Gálatas.

Quando, porém, chegou a plenitude do tempo,
Deus enviou o seu Filho.
Ele nasceu de uma mulher, submetido à lei
para resgatar aqueles que estavam submetidos à lei,
a fim de que fôssemos adotados como filhos.
A prova de que vocês são filhos
é o fato de que Deus enviou aos nossos corações
o Espírito de seu Filho que clama: Abba, Pai!
Portanto, você já não é escravo, mas filho;
e se é filho, é também herdeiro por vontade de Deus.
Palavra do Senhor. **Graças a Deus.**

8. Responso

Ó Salvador – **aleluia.**
Vem nos liberta – **maranatha.**

Ó compaixão – **aleluia.**
Ouve o grito – **maranatha.**

Irmão dos pobres – **aleluia.**
Mora entre nós – **maranatha.**

Ou: Como o sol nasce da aurora, n. 29, p. 85. Ou outro à escolha, p. 85 a 86.

9. Meditação

A história do amor de Deus por nós se confunde com a história da libertação do seu povo. É assim que Deus se revela a Moisés: "Eu vi muito bem a miséria do meu povo que está no Egito. Ouvi o seu clamor contra seus opressores e conheço os seus sofrimentos. Por isso, desci para libertá-los do poder dos egípcios e para fazê-lo subir dessa terra para uma terra fértil e espaçosa, onde corre leite e mel" (Ex 3,7-8). Esta palavra se cumpriu quando o Senhor tirou o povo da escravidão do Egito e o fez passar pelo mar a pé enxuto, concluindo com ele uma aliança de amor no Sinai.

O êxodo tornou-se o núcleo e o centro da fé de Israel, o modo de ele relacionar-se com Deus. Quase como um refrão, nos diversos momentos da sua história se registra que o povo invocou o Senhor na sua angústia e ele desceu para libertá-lo. No contexto do cativeiro da Babilônia, os profetas passaram a anunciar um novo êxodo e uma nova libertação para o povo de Israel, dizendo aos cativos "saiam" e aos que estão nas trevas "venham para a luz" (Is 49,9).

Na plenitude dos tempos, Deus cumpriu sua promessa e enviou o seu filho, com o nome de Jesus, palavra que quer dizer "Deus liberta e salva o seu povo". Ao começar seu ministério, na sinagoga de Nazaré, Jesus, ungido pelo Espírito, proclamou para que veio: "para anunciar a Boa Notícia aos pobres; para proclamar a libertação aos presos e aos cegos a recuperação da vista; para libertar os oprimidos, e para proclamar um ano de graça do Senhor" (Lc 4,18-19). E o anúncio se transformou em realidade, de forma que Jesus podia dizer aos enviados de João Batista: "voltem e contem a João o que vocês estão ouvindo e vendo: os cegos recuperam a vista, os paralíticos andam, os leprosos são purificados, os surdos ouvem, os mortos ressuscitam e aos pobres é anunciada a Boa Notícia" (Mt 11,4-5).

10. Cântico de Maria

Na espera amorosa do novo Natal do Senhor, com Maria e com os pobres de ontem e de hoje, celebremos a libertação que vem chegando e peçamos a ele que nos faça vencer o tempo da dor, pelo cuidado e pela solidariedade.

Ó... Ó Libertação:
Pelo Espírito Santo consagrado
Boa-Nova trouxeste aos oprimidos,
confortaste os corações sofridos,
os cativos por ti serão livrados,
vem liberta este povo acorrentado
e o tempo da dor seja esquecido, ó, ó.

Vem, ó Filho de Maria,
já se acende a Estrela Guia
quanta sede, quanta espera,
quando chega, quando chega aquele dia?...

- A minha'alma engrandece o Senhor
e exulta o meu espírito em Deus, meu Salvador;
- porque olhou para a humildade de sua serva,
doravante as gerações hão de chamar-me de bendita.
- O poderoso fez em mim maravilhas,
e santo é seu nome!
- Seu amor para sempre se estende
sobre aqueles que o temem;
- manifesta o poder de seu braço,
dispersa os soberbos;
- derruba os poderosos de seus tronos
e eleva os humildes;
- sacia de bens os famintos,
despede os ricos sem nada.

- Acolhe Israel, seu servidor,
fiel ao seu amor,
- como havia prometido a nossos pais,
em favor de Abraão e de seus filhos para sempre.
- Glória ao Pai e ao Filho e ao Espírito Santo.
Como era no princípio, agora e sempre. **Amém!**

11. Preces

Irmãos e irmãs, com Maria, aguardemos vigilantes a manifestação do Filho de Deus que a todos quer salvar.

Maranatha, vem, Senhor Jesus!

- Ó Cristo, Estrela da nossa libertação, escuta o gemido dos povos e de toda a criação.
- Ó Cristo, assumiste nossa fraqueza e nossa pobreza, faze-nos fortes e ricos em teu amor!
- Ó Cristo, faze de nosso coração e de todo o nosso ser a tua morada e vem nos salvar!
- Ó Cristo, guia em teu caminho todos nós que te esperamos nas estradas deste mundo...
- Ó Cristo, esperança dos mortais, dá vida e ressurreição às nossas irmãs e irmãos falecidos.

Preces espontâneas...

Pai-nosso

Já está bem perto a nossa salvação! Em comunhão com a criação inteira, que geme e sofre em dores de parto, digamos a oração que o Senhor nos ensinou:
Pai nosso... pois vosso é o Reino, o poder e a glória para sempre.

Oração

Ó Deus de bondade,
olha o teu povo reunido nesta novena de Natal.
Dá-nos a graça de acolher com muita alegria
nosso Senhor Jesus Cristo que vem

e anunciar com nossa vida
o mistério da sua encarnação em nossa humanidade.
Por Cristo, nosso Senhor. **Amém**.

Ou:

Ó Deus, defensor dos pequenos,
enviaste teu filho Jesus
para cumprir tuas promessas de libertação
e renovar tua aliança com toda a humanidade.
Escuta as preces destes teus filhos e filhas em oração.
Restaura-nos no teu amor,
manifesta a tua misericórdia e dá-nos a tua salvação.
Por Cristo, nosso Senhor. **Amém**.

12. Bênção

O Deus da esperança e da paz permaneça com todos nós e nos abençoe, ele que é Pai, Filho e Espírito Santo. **Amém.**
Bendigamos ao Senhor! **Graças a Deus!**
O auxílio divino permaneça sempre conosco.
E com nossos irmãos e irmãs ausentes.

3º DIA

17 DE DEZEMBRO
Ó SABEDORIA!

1. Chegada

Silêncio, oração pessoal...
Refrão meditativo: "Senhor, nós te esperamos", n. 1, p. 63. Ou outro à escolha, p. 63 a 64.

2. Acendimento da vela do Advento

Alguém acende a terceira vela e faz a oração:

Bendito sejas, Deus das promessas,
porque iluminas as nossas vidas
com a luz de Jesus Cristo, teu filho,
a quem esperamos com toda a ternura do coração. **Amém.**

3. Abertura

- Vem, ó Deus da Vida, vem nos ajudar! (bis)
Vem, não demores mais, vem nos libertar! (bis)
- Glória ao Pai e ao Filho e ao Santo Espírito! (bis)
Glória à Trindade Santa, glória ao Deus bendito! (bis)
- Aleluia, irmãs, aleluia, irmãos! (bis)
Nosso Senhor vem vindo, a Deus louvação! (bis)
- De pé vigilantes, lâmpadas nas mãos! (bis)
Ele já está bem perto, nossa Salvação! (bis)

4. Recordação da vida

Iniciamos este terceiro dia da novena do Natal trazendo bem presentes as dificuldades que temos na vida, as vezes que não sabemos o caminho a seguir, a busca de sentido de tanta gente que se sente perdida na vida... Por isso, invocamos hoje o Senhor como Sabedoria!

Nesta comunhão, lembremos os fatos, os acontecimentos, as pessoas, os grupos... com quem queremos estar reunidos e unidos nesta espera do novo Natal do Senhor.

As pessoas podem lembrar fatos que são sinais da chegada do Reino já presentes, ou situações que imploram por sua vinda.

5. Hino

Ó vem, ó vem, Emanuel, n. 11, p. 65. Ou outro à escolha, p. 65 a 69.

6. Salmodia

Salmo 25(24), p. 71. Ou Salmo 147(146)A, p. 79. Ou outro à escolha, p. 70 a 84.

7. Leitura bíblica

1Cor 1,27.30

Leitura da primeira Carta aos Coríntios.

Deus escolheu o que é loucura no mundo
para confundir os sábios;
e Deus escolheu o que é fraqueza no mundo
para confundir os fracos.
Ora, é por iniciativa de Deus
que vocês existem em Jesus Cristo,
o qual se tornou para nós sabedoria que vem de Deus,
justiça, santificação e libertação.
Palavra do Senhor. **Graças a Deus.**

8. Responso

Como o sol nasce da aurora, n. 29, p. 85. Ou outro à escolha, p. 85 a 86.
Ou:

Sabedoria – **aleluia.**
Conduz teu povo – **maranatha.**

Deus revelado – **aleluia.**
Mostra teu rosto – **maranatha.**

Força de Deus – **aleluia.**
Sê nosso amparo – **maranatha.**

9. Meditação

Na Bíblia, a sabedoria, mais do que um conjunto de conhecimentos teóricos ou técnicos, tem o sentido da compreensão do plano de Deus. É Deus quem possui a sabedoria e a força, a perspicácia e a inteligência (cf. Jó 12,13). Nos livros sapienciais, o povo de Israel passa a entender a Sabedoria como uma das formas de descrever a ação de Deus ou como uma personificação do próprio Deus, como, por exemplo, lemos em Pr 8,22-31: "Eu, a Sabedoria, fui estabelecida desde a eternidade, desde o princípio, antes que a terra começasse a existir". A Sabedoria "que se estende vigorosamente de um extremo a outro da terra e governa retamente o universo" (Sb 8,1) é o próprio agir de Deus.

Todos nos lembramos da passagem em que Salomão, ao começar o seu serviço de rei em Israel, pede ao Senhor sabedoria para governar e poder discernir entre o bem e o mal, recebendo de Deus um coração sábio e prudente (cf. 1Rs 3,9.12), para governar com justiça. Dessa forma, a sabedoria passa a ser uma das características do messias esperado. O profeta Isaías quando descreve os dons que o espírito do Senhor concede ao menino que nasceu, o Emanuel, coloca em primeiro lugar o espírito de inteligência e sabedoria (cf. Is 11,2).

É assim que a sabedoria se tornou uma das palavras para descrever a ação e o ministério de Jesus. Ele não apenas é o portador de um ensino com autoridade, mas é a própria sabedoria que saiu da boca do Altíssimo e tomou conta de todo o universo. É assim que, na primeira Carta aos Coríntios, Paulo nos fala de Cristo como a força e a sabedoria de Deus (cf. 1Cor 1,24).

10. Cântico de Maria

Na espera amorosa do novo Natal do Senhor, com Maria e com todos os que vivem segundo a sabedoria de Deus, aclamamos a Jesus como sabedoria. Peçamos a ele que faça brilhar a sua luz para quem peregrina na noite escura da fé e nos ensine a bem viver os nossos dias, tornando sábios os nossos corações.

Ó... Ó Sabedoria:
Tu saíste da boca do mais alto,
os confins do universo atingiste,
tu com força e ternura dirigiste
este mundo por ti todo ordenado,
vem mostrar o caminho consagrado
da prudência, que ao justo um dia abriste, ó, ó.

Vem, ó Filho de Maria,
vem do céu Sabedoria,
quanta sede, quanta espera,
quando chega, quando chega aquele dia?...

- A minha'alma engrandece o Senhor
e exulta o meu espírito em Deus, meu Salvador;
- porque olhou para a humildade de sua serva,
doravante as gerações hão de chamar-me de bendita.
- O poderoso fez em mim maravilhas,
e santo é seu nome!
- Seu amor para sempre se estende
sobre aqueles que o temem;
- manifesta o poder de seu braço,
dispersa os soberbos;
- derruba os poderosos de seus tronos
e eleva os humildes;
- sacia de bens os famintos,
despede os ricos sem nada.
- Acolhe Israel, seu servidor,
fiel ao seu amor,
- como havia prometido a nossos pais,
em favor de Abraão e de seus filhos para sempre.

- Glória ao Pai e ao Filho e ao Espírito Santo.
Como era no princípio, agora e sempre. Amém!

11. Preces

Irmãos e irmãs, com Maria, aguardemos vigilantes a manifestação do Filho de Deus que a todos quer salvar.

Maranatha, vem, Senhor Jesus!

- Ó Cristo, sabedoria dos humildes, dá aos que te buscam um coração sábio atento à tua Palavra.
- Ó Cristo, assumiste nossa fraqueza e nossa pobreza, faze-nos fortes e ricos em teu amor!
- Ó Cristo, faze de nosso coração e de todo o nosso ser a tua morada e vem nos salvar!
- Ó Cristo, guia em teu caminho todos nós que te esperamos nas estradas deste mundo...
- Ó Cristo, esperança dos mortais, dá vida e ressurreição às nossas irmãs e irmãos falecidos.

Preces espontâneas...

Pai–nosso

Já está bem perto a nossa salvação! Em comunhão com a criação inteira, que geme e sofre em dores de parto, digamos a oração que o Senhor nos ensinou:
Pai nosso... pois vosso é o Reino, o poder e a glória para sempre.

Oração

Ó Deus de bondade,
olha o teu povo reunido nesta novena de Natal.
Dá-nos a graça de acolher com muita alegria
nosso Senhor Jesus Cristo que vem
e anunciar com nossa vida
o mistério de sua encarnação em nossa humanidade.
Por Cristo, nosso Senhor. **Amém.**

Ou:

Ó Deus, amigo dos pobres,
teu filho Jesus se tornou para nós tua sabedoria
e enche nossas vidas com a tua justiça.
Escuta as preces destes teus filhos e filhas em oração.
Restaura-nos no teu amor,
manifesta a tua misericórdia e dá-nos a tua salvação.
Por Cristo, nosso Senhor. **Amém.**

12. Bênção

O Deus da esperança e da paz permaneça com todos nós e nos abençoe, ele que é Pai, Filho e Espírito Santo. **Amém.**
Bendigamos ao Senhor! **Graças a Deus!**
O auxílio divino permaneça sempre conosco.
E com nossos irmãos e irmãs ausentes.

4º DIA

18 DE DEZEMBRO
Ó ADONAI!

1. Chegada

Silêncio, oração pessoal...

Refrão meditativo: "Senhor, nós te esperamos", n. 1, p. 63, Ou outro à escolha, p. 63 a 64.

2. Acendimento da vela do Advento

Alguém acende a quarta vela e faz a oração:

Bendito sejas, Deus das promessas,
porque iluminas as nossas vidas
com a luz de Jesus Cristo, teu filho,
a quem esperamos com toda a ternura do coração. **Amém.**

3. Abertura

- Vem, ó Deus da Vida, vem nos ajudar! (bis)
Vem, não demores mais, vem nos libertar! (bis)
- Glória ao Pai e ao Filho e ao Santo Espírito! (bis)
Glória à Trindade Santa, glória ao Deus bendito! (bis)
- Aleluia, irmãs, aleluia, irmãos! (bis)
Nosso Senhor vem vindo, a Deus louvação! (bis)
- De pé vigilantes, lâmpadas nas mãos! (bis)
Ele já está bem perto, nossa Salvação! (bis)

4. Recordação da vida

Iniciamos este quarto dia da novena e, mais uma vez, lembramos a Deus o mundo que pede ser libertado da violência e da intolerância que geram guerras e todo tipo de sofrimento.
Invocamos hoje o Senhor como Adonai!

Nesta comunhão, lembremos os fatos, os acontecimentos, as pessoas, os grupos... com quem queremos estar reunidos e unidos nesta espera do novo Natal do Senhor.

As pessoas podem lembrar fatos que são sinais da chegada do Reino já presentes, ou situações que imploram por sua vinda.

5. Hino

Ó vem, ó vem, Emanuel, n. 11, p. 65. Ou outro à escolha, p. 65 a 69.

6. Salmodia

Salmo 130(129), p. 78. Ou Salmo 24(23), p. 70. Ou outro à escolha, p. 70 a 84.

7. Leitura bíblica

Fl 2,6.9-11

Leitura da Carta aos Filipenses.

Ele tinha a condição divina,
mas não se apegou a sua igualdade com Deus.
Por isso Deus o exaltou grandemente e lhe deu o Nome
que está acima de qualquer outro nome.
Para que ao nome de Jesus se dobre todo joelho,
no céu, na terra e sob a terra,
e toda língua confesse que Jesus Cristo é o Senhor,
para a glória de Deus Pai.
Palavra do Senhor. **Graças a Deus.**

8. Responso

Ó Adonai – **aleluia.**
Salva o teu povo – **maranatha.**

Pastor e guia – **aleluia.**
Mostra o caminho – **maranatha.**

Ressuscitado – **aleluia.**
Dá-nos tua paz – **maranatha.**

Ou: Como o sol nasce da aurora, n. 29, p. 85. Ou outro à escolha, p. 85 a 86.

9. Meditação

Quando Deus se revelou a Moisés, na sarça ardente, confiou o seu nome: "Eu sou aquele que sou" (Ex 3,2). Esta expressão traduz o nome que em hebraico se escreve com quatro letras impronunciáveis, consideradas sagradas pelo seu significado. Desde então, invocar o nome do Senhor localiza-nos no contexto desta revelação, da liberdade e da aliança que nos narra o livro do Êxodo (capítulos 6–20) e que culmina com o pacto no Sinai, posteriormente expresso nos mandamentos. Os judeus sempre que encontram no texto sagrado o nome de Deus – as quatro letras sagradas – inclinam a cabeça e reverentemente dizem a palavra Adonai, que significa em hebraico "meu Senhor", para não pronunciar o nome de Deus e assim afastar a possibilidade de dominá-lo e manipulá-lo.

A memória dos antigos prodígios do Sinai e a certeza da fidelidade do Deus da aliança fizeram crescer a certeza de que o "Senhor estenderá outra vez sua mão para resgatar o resto do povo" (Is 11,11). O salmo 130 é este grito de esperança confiante de que o Senhor virá; o salmista aguarda o Senhor como a sentinela à aurora, porque o Senhor resgatará Israel de todas as suas faltas.

Essas profecias se concretizaram na vinda de Jesus, cujo nome significa "Deus salva". Ele, por sua ressurreição, se tornou o Cristo e o Senhor, o Adonai. É ele a nova revelação do amor de Deus, quem nos dá a nova lei. É ele o pastor e guia do seu povo. Ele mesmo, um dia, nos advertiu: "Quanto a vocês nunca se deixem chamar mestres, pois um só é o mestre de vocês, e todos vocês são irmãos... Não deixem que os outros chamem vocês de guias, pois um só é o guia de vocês, o Cristo" (Mt 23,8.10).

10. Cântico de Maria

Na espera amorosa do novo Natal do Senhor, com Maria aclamamos a Jesus como o Adonai, Pastor e Guia do seu povo, e peçamos a ele que nos liberte de toda pretensão de grandeza e, como outrora a Moisés, manifeste-se como salvador nas difíceis situações de nossa vida.

Ó... Ó Senhor, ó Adonai.
De Israel, do teu povo és o guia,
nu'a fogueira a Moisés te revelaste,
no Sinai a teus servos entregaste
uma lei cheia de sabedoria,
vem trazer a teu povo alforria,
libertar com teu braço os que amaste, ó, ó.

Vem, ó Filho de Maria,
do teu povo és o guia,
quanta sede, quanta espera,
quando chega, quando chega aquele dia?...

- A minha'alma engrandece o Senhor
e exulta o meu espírito em Deus, meu Salvador;
- porque olhou para a humildade de sua serva,
doravante as gerações hão de chamar-me de bendita.
- O poderoso fez em mim maravilhas,
e santo é seu nome!
- Seu amor para sempre se estende
sobre aqueles que o temem;
- manifesta o poder de seu braço,
dispersa os soberbos;
- derruba os poderosos de seus tronos
e eleva os humildes;
- sacia de bens os famintos,
despede os ricos sem nada.
- Acolhe Israel, seu servidor,
fiel ao seu amor,
- como havia prometido a nossos pais,
em favor de Abraão e de seus filhos para sempre.
- Glória ao Pai e ao Filho e ao Espírito Santo.
Como era no princípio, agora e sempre. Amém!

11. Preces

Irmãos e irmãs, com Maria, aguardemos vigilantes a manifestação do Filho de Deus que a todos quer salvar.

Maranatha, vem, Senhor Jesus!

- Ó Cristo, Senhor e Guia da humanidade, mostra o teu caminho aos que peregrinam em busca da paz.
- Ó Cristo, assumiste nossa fraqueza e nossa pobreza, faze-nos fortes e ricos em teu amor!
- Ó Cristo, faze de nosso coração e de todo o nosso ser a tua morada e vem nos salvar!
- Ó Cristo, guia em teu caminho todos nós que te esperamos nas estradas deste mundo...
- Ó Cristo, esperança dos mortais, dá vida e ressurreição às nossas irmãs e irmãos falecidos.

Preces espontâneas...

Pai-nosso
Já está bem perto a nossa salvação! Em comunhão com a criação inteira, que geme e sofre em dores de parto, digamos a oração que o Senhor nos ensinou:
Pai nosso... pois vosso é o Reino, o poder e a glória para sempre.

Oração
Ó Deus de bondade,
olha o teu povo reunido nesta novena de Natal.
Dá-nos a graça de acolher com muita alegria
nosso Senhor Jesus Cristo que vem
e anunciar com nossa vida
o mistério de sua encarnação em nossa humanidade.
Por Cristo, nosso Senhor. **Amém.**

Ou:

Ó Deus, guia do teu povo,
enviaste teu filho Jesus,
para ser nosso Salvador e Senhor.
Guia-nos em teus caminhos
e escuta as preces destes teus filhos e filhas em oração.

Restaura-nos no teu amor,
manifesta a tua misericórdia e dá-nos a tua salvação.
Por Cristo, nosso Senhor. **Amém.**

12. Bênção

O Deus da esperança e da paz permaneça com todos nós e nos abençoe, ele que é Pai, Filho e Espírito Santo. **Amém.**
Bendigamos ao Senhor. **Graças a Deus.**
O auxílio divino permaneça sempre conosco!
E com nossos irmãos e irmãs ausentes!

5º DIA

19 DE DEZEMBRO
Ó RAIZ DE JESSÉ!

1. Chegada

Silêncio, oração pessoal...

Refrão meditativo: "Senhor, nós te esperamos", n. 1, p. 63. Ou outro à escolha, p. 63 a 64.

2. Acendimento da vela do Advento

Alguém acende a quinta vela e faz a oração:

Bendito sejas, Deus das promessas,
porque iluminas as nossas vidas
com a luz de Jesus Cristo, teu filho,
a quem esperamos com toda a ternura do coração. **Amém.**

3. Abertura

- Vem, ó Deus da Vida, vem nos ajudar! (bis)
Vem, não demores mais, vem nos libertar! (bis)
- Glória ao Pai e ao Filho e ao Santo Espírito! (bis)
Glória à Trindade Santa, glória ao Deus bendito! (bis)
- Aleluia, irmãs, aleluia, irmãos! (bis)
Nosso Senhor vem vindo, a Deus louvação! (bis)
- De pé vigilantes, lâmpadas nas mãos! (bis)
Ele já está bem perto, nossa Salvação! (bis)

4. Recordação da vida

Neste quinto dia da novena, trazemos para a nossa oração os povos que passaram por dura provação em sua história, que foram dizimados pela ganância dos grandes e resistem em busca de sobrevivência. Invocamos hoje o Senhor como Raiz de Jessé!

Nesta comunhão, lembremos os fatos, os acontecimentos, as pessoas, os grupos... com quem queremos estar reunidos e unidos nesta espera do novo natal do Senhor.

As pessoas podem lembrar fatos que são sinais da chegada do Reino já presentes, ou situações que imploram por sua vinda.

5. Hino

Ó vem, ó vem, Emanuel, n. 11, p. 65. Ou outro à escolha, p. 65 a 69.

6. Salmodia

Cântico de Isaías 11, p. 82. Ou Salmo 126(125), p. 77. Ou outro à escolha, p. 70 a 84.

7. Leitura bíblica

Rm 15,12-13

Leitura da Carta aos Romanos.

Aparecerá o broto de Jessé,
aquele que se levanta para governar as nações.
Que o Deus da esperança encha vocês
de completa alegria e paz na fé,
para que vocês transbordem de esperança
pela força do Espírito Santo.
Palavra do Senhor. **Graças a Deus.**

8. Responso

Rebento, Filho – **aleluia.**
Vem não demores – **maranatha.**

De Deus o Verbo – **aleluia.**
Traz alegria – **maranatha.**

Ó Esperado – **aleluia.**
Vem nos renove – **maranatha.**

Ou: Como o sol nasce da aurora, n. 29, p. 85. Ou outro à escolha, p. 85 a 86.

9. Meditação

Davi, filho de Jessé, pastor de ovelhas, chamado por Deus a ser rei do pequenino Israel, recebeu do Senhor, pelo profeta Natã, a promessa de um Reino forte e estável: "Eu darei a você um grande nome, como o nome dos grandes da terra... Eu livrarei você de todos os inimigos... Sua dinastia e realeza permanecerão firmes para sempre diante de mim; e o seu trono será sólido para sempre" (2Sm 7,8-16). Quando, séculos mais tarde, o reino de Israel se enfraquecera, e a realeza de Davi parecia ter desaparecido, os profetas anunciaram a retomada das antigas promessas e o florescimento do tronco que parecia cortado: do tronco de Jessé sairá um ramo, um broto nascerá de suas raízes e se erguerá como bandeira para os povos (cf. Is 11,10).

Na plenitude dos tempos, quando Deus enviou o seu filho, ele o confiou a José, filho de Davi, da descendência de Jessé. Ele nasceu em Belém, cidade de Davi, para cumprir as Escrituras. E quando os magos, representando todas as nações, dirigiram-se até Belém (cf. Mt 2,1-12) e o adoraram oferecendo seus presentes, Jesus, o descendente de Davi, manifestou-se a todos os povos. E por toda a vida Jesus foi reconhecido e aclamado como alguém da descendência de Davi, na certeza de que as promessas tinham-se cumprido.

10. Cântico de Maria

Na espera amorosa do novo natal do Senhor, com Maria, aclamamos o Cristo como raiz de Jessé, como aquele diante de quem todos os povos se calam. Peçamos que dos fracassos de nossa vida pessoal e da história dos povos possa nascer o bem viver da convivência humana e da solidariedade.

Ó... Ó Raiz de Jessé:
Estandarte bem alto levantado,
um sinal para todas as nações,
frente a ti ficam mudos os barões,
clama o povo e só quer ser escutado,

vem, Senhor, libertar o escravizado,
não demores, escuta as orações, ó, ó.

Vem, ó Filho de Maria,
vem dos tristes alegria,
quanta sede, quanta espera,
quando chega, quando chega aquele dia?...

A minha'alma engrandece o Senhor
e exulta o meu espírito em Deus, meu Salvador;
- porque olhou para a humildade de sua serva,
doravante as gerações hão de chamar-me de bendita.
- O poderoso fez em mim maravilhas,
e santo é seu nome!
- Seu amor para sempre se estende
sobre aqueles que o temem;
- manifesta o poder de seu braço,
dispersa os soberbos;
- derruba os poderosos de seus tronos
e eleva os humildes;
- sacia de bens os famintos,
despede os ricos sem nada.
- Acolhe Israel, seu servidor,
fiel ao seu amor,
- como havia prometido a nossos pais,
em favor de Abraão e de seus filhos para sempre.
- Glória ao Pai e ao Filho e ao Espírito Santo.
Como era no princípio, agora e sempre. Amém!

11. Preces

Irmãos e irmãs, com Maria, aguardemos vigilantes a manifestação do Filho de Deus que a todos quer salvar.

Maranatha, vem, Senhor Jesus!

- Ó Cristo, rebento de justiça, consola os que choram, dá esperança aos desanimados.
- Ó Cristo, assumiste nossa fraqueza e nossa pobreza, faze-nos fortes e ricos em teu amor!
- Ó Cristo, faze de nosso coração e de todo o nosso ser a tua morada e vem nos salvar!
- Ó Cristo, guia em teu caminho todos nós que te esperamos nas estradas deste mundo...
- Ó Cristo, esperança dos mortais, dá vida e ressurreição às nossas irmãs e irmãos falecidos.

Preces espontâneas...

Pai-nosso

Já está bem perto a nossa salvação! Em comunhão com a criação inteira, que geme e sofre em dores de parto, digamos a oração que o Senhor nos ensinou:

Pai nosso... pois vosso é o Reino, o poder e a glória para sempre.

Oração

Ó Deus de bondade,
olha o teu povo reunido nesta novena de Natal.
Dá-nos a graça de acolher com muita alegria
nosso Senhor Jesus Cristo que vem
e anunciar com nossa vida
o mistério de sua encarnação em nossa humanidade.
Por Cristo, nosso Senhor. **Amém.**

Ou:

Ó Deus das promessas, enviaste teu filho Jesus,
broto nascido da antiga raiz,
para renovar com a humanidade tua aliança de justiça.
Escuta as preces destes teus filhos e filhas em oração.
Restaura-nos no teu amor,
manifesta a tua misericórdia e dá-nos a tua salvação.
Por Cristo, nosso Senhor. **Amém.**

12. Bênção

O Deus da esperança e da paz permaneça com todos nós e nos abençoe, ele que é Pai, Filho e Espírito Santo. **Amém.**
Bendigamos ao Senhor! **Graças a Deus!**
O auxílio divino permaneça sempre conosco!
E com nossos irmãos e irmãs ausentes!

6º DIA

20 DE DEZEMBRO
Ó CHAVE DE DAVI!

1. Chegada

Silêncio, oração pessoal...

Refrão meditativo: Senhor, nós te esperamos, n. 1, p. 63. Ou outro à escolha, p. 63 a 64.

2. Acendimento da vela do Advento

Alguém acende a sexta vela e faz a oração:

Bendito sejas, Deus das promessas,
porque iluminas as nossas vidas
com a luz de Jesus Cristo, teu filho,
a quem esperamos com toda a ternura do coração. **Amém.**

3. Abertura

- Vem, ó Deus da Vida, vem nos ajudar! (bis)
Vem, não demores mais, vem nos libertar! (bis)
- Glória ao Pai e ao Filho e ao Santo Espírito! (bis)
Glória à Trindade Santa, glória ao Deus bendito! (bis)
- Aleluia, irmãs, aleluia, irmãos! (bis)
Nosso Senhor vem vindo, a Deus louvação! (bis)
- De pé vigilantes, lâmpadas nas mãos! (bis)
Ele já está bem perto, nossa Salvação! (bis)

4. Recordação da vida

Iniciamos este sexto dia da novena, apresentando a Deus todas as realidades fechadas e não resolvidas da nossa vida pessoal, comunitária e social.
Invocamos hoje o Senhor como Chave de Davi!

Nesta comunhão, lembremos os fatos, os acontecimentos, as pessoas, os grupos... com quem queremos estar reunidos e unidos nesta espera do novo natal do Senhor.

As pessoas podem lembrar fatos que são sinais da chegada do Reino já presentes, ou situações que imploram por sua vinda.

5. Hino

Ó vem, ó vem, Emanuel, n. 11, p. 65. Ou outro à escolha, p. 65 a 69.

6. Salmodia

Salmo 25(24), p. 71. Ou outro à escolha, p. 70 a 84.

7. Leitura bíblica

Ap 3,7-8

Leitura do livro do Apocalipse.

"Escreva ao Anjo da Igreja da Filadélfia.
Assim diz o Santo, o Verdadeiro,
aquele que tem a Chave de Davi,
aquele que abre e ninguém fecha,
aquele que fecha e ninguém mais abre:
conheço a sua conduta;
coloquei à sua frente uma porta aberta,
que ninguém mais poderá fechar".
Palavra do Senhor. **Graças a Deus.**

8. Responso

De Deus a porta – **aleluia.**
Abre caminhos – **maranatha.**

Ó Filho amado – **aleluia.**
Abre os ouvidos – **maranatha.**

De Deus o servo – **aleluia.**
Cura a cegueira – **maranatha.**

Ou: Como o sol nasce da aurora, n. 29, p. 85. Ou outro à escolha, p. 85 a 86.

9. Meditação

A chave é o símbolo do poder supremo em um encargo. O profeta Isaías anuncia a investidura de Eliaquim e diz: "colocarei a chave da casa de Davi sob responsabilidade dele: quando ele abrir, ninguém poderá fechar; quando ele fechar, ninguém poderá abrir" (Is 22,22). Na missão do servo segundo o profeta Isaías, o Senhor o constituiu para dizer aos cativos: "Saiam" (Is 49,9), porque o Senhor chamou o servo para "abrir os olhos dos cegos, para tirar os presos da cadeia e do cárcere os que vivem no escuro" (Is 42,7).

Jesus de Nazaré, ao ser batizado no Jordão, recebeu de Deus a mesma missão do servo, de abrir ao pecador o caminho do perdão e aos justos as portas do Reino dos céus. Por sua ressurreição, recebeu do Pai todo o poder no céu e na terra (cf. Mt 28,18). Por ele, as promessas feitas a Davi se cumpriram.

10. Cântico de Maria

Na espera amorosa do seu novo Natal do Senhor, com Maria, aclamamos a Jesus como chave de Davi que abre para nós as portas do Reino. Supliquemos que ele nos liberte de toda insegurança e opressão e nos firme nos caminhos da justiça e da paz.

Ó... Ó Chave de Davi:
És o cetro da casa de Israel,
tu, que abres, e ninguém pode fechar,
tu que fechas e abrir quem poderá?
Vem depressa esta raça acudir,
algemado quem vai poder sair,
se na sombra da morte é seu lugar? ó, ó.

Vem, ó Filho de Maria,
vem, ó Cristo, Rei-Messias,
quanta sede, quanta espera,
quando chega, quando chega aquele dia?...

- A minha'alma engrandece o Senhor
e exulta o meu espírito em Deus, meu Salvador;
- porque olhou para a humildade de sua serva,
doravante as gerações hão de chamar-me de bendita.
- O poderoso fez em mim maravilhas,
e santo é seu nome!
- Seu amor para sempre se estende
sobre aqueles que o temem;
- manifesta o poder de seu braço,
dispersa os soberbos;
- derruba os poderosos de seus tronos
e eleva os humildes;
- sacia de bens os famintos,
despede os ricos sem nada.
- Acolhe Israel, seu servidor,
fiel ao seu amor,
- como havia prometido a nossos pais,
em favor de Abraão e de seus filhos para sempre.
- Glória ao Pai e ao Filho e ao Espírito Santo.
Como era no princípio, agora e sempre. Amém!

11. Preces

Irmãos e irmãs, com Maria, aguardemos vigilantes a manifestação do Filho de Deus que a todos quer salvar.

Maranatha, vem, Senhor Jesus!

- Ó Cristo, porta do reino dos céus, liberta os prisioneiros e todas as vítimas da injustiça.
- Ó Cristo, assumiste nossa fraqueza e nossa pobreza, faze-nos fortes e ricos em teu amor!
- Ó Cristo, faze de nosso coração e de todo o nosso ser a tua morada e vem nos salvar!
- Ó Cristo, guia em teu caminho todos nós que te esperamos nas estradas deste mundo...

- Ó Cristo, esperança dos mortais, dá vida e ressurreição às nossas irmãs e irmãos falecidos.

Preces espontâneas...

Pai-nosso
Já está bem perto a nossa salvação! Em comunhão com a criação inteira, que geme e sofre em dores de parto, digamos a oração que o Senhor nos ensinou:
Pai nosso... pois vosso é o Reino, o poder e a glória para sempre.

Oração
Ó Deus de bondade,
olha o teu povo reunido nesta novena de Natal.
Dá-nos a graça de acolher com muita alegria
nosso Senhor Jesus Cristo que vem
e anunciar com nossa vida
o mistério de sua encarnação em nossa humanidade.
Por Cristo, nosso Senhor. **Amém.**

Ou:

Ó Deus, segredo de amor, enviaste teu filho Jesus,
com as chaves do teu Reino para nos abrir as portas da vida.
Escuta as preces destes teus filhos e filhas em oração.
Restaura-nos no teu amor, manifesta a tua misericórdia
e dá-nos a tua salvação.
Por Cristo, nosso Senhor. **Amém.**

12. Bênção

O Deus da esperança e da paz permaneça com todos nós e nos abençoe, ele que é Pai, Filho e Espírito Santo. **Amém.**
Bendigamos ao Senhor! **Graças a Deus!**
O auxílio divino permaneça sempre conosco.
E com nossos irmãos e irmãs ausentes.

7º DIA

21 DE DEZEMBRO
Ó SOL DO ORIENTE!

1. Chegada

Silêncio, oração pessoal...

Refrão meditativo: Senhor, nós te esperamos, n. 1, p. 63. Ou outro à escolha, p. 63 a 64.

2. Acendimento da vela do Advento

Alguém acende a sétima vela e faz a oração:

Bendito sejas, Deus das promessas,
porque iluminas as nossas vidas
com a luz de Jesus Cristo, teu filho,
a quem esperamos com toda a ternura do coração. **Amém.**

3. Abertura

- Vem, ó Deus da Vida, vem nos ajudar! (bis)
Vem, não demores mais, vem nos libertar! (bis)
- Glória ao Pai e ao Filho e ao Santo Espírito! (bis)
Glória à Trindade Santa, glória ao Deus bendito! (bis)
- Aleluia, irmãs, aleluia, irmãos! (bis)
Nosso Senhor vem vindo, a Deus louvação! (bis)
- De pé vigilantes, lâmpadas nas mãos! (bis)
Ele já está bem perto, nossa Salvação! (bis)

4. Recordação da vida

Neste sétimo dia de nossa novena, trazemos para a nossa prece toda a realidade de trevas e escuridão de nossa vida pessoal e também de nossa realidade social e dos povos.

Invocamos hoje o Senhor como Sol da Justiça!

Nesta comunhão, lembremos os fatos, os acontecimentos, as pessoas, os grupos... com quem queremos estar reunidos e unidos nesta espera do novo natal do Senhor.

As pessoas podem lembrar fatos que são sinais da chegada do Reino já presentes, ou situações que imploram por sua vinda.

5. Hino

Ó vem, ó vem, Emanuel, n. 11, p. 65. Ou outro à escolha, p. 65 a 69.

6. Salmodia

Salmo 147B, p. 81. Ou outro à escolha, p. 70 a 84.

7. Leitura bíblica

1Ts 5,5-6.8

Leitura da primeira Carta aos Tessalonicenses.

Todos vocês são filhos da luz e filhos do dia.
Não somos da noite nem das trevas.
Portanto, não fiquemos dormindo como os outros.
Nós somos do dia, sejamos sóbrios,
revestidos com a couraça da fé e do amor
e com o capacete da esperança da salvação.
Pois Deus não nos destinou à sua ira, e sim para a salvação
através de nosso Senhor Jesus Cristo,
o qual morreu por nós a fim de que,
acordados ou dormindo, fiquemos unidos a ele.
Portanto, consolem-se mutuamente
e ajudem-se uns aos outros a crescer,
como vocês já estão fazendo.
Palavra do Senhor. **Graças a Deus.**

8. Responso

Sol da justiça – **aleluia.**
Clareia as trevas – **maranatha!**

Luz da alegria – **aleluia.**
Finda a tristeza – **maranatha.**

Estrela guia – **aleluia.**
Salva os errantes – **maranatha.**

Ou: Como o sol nasce da aurora, n. 29, p. 85. Ou outro à escolha, p. 85 a 86.

9. Meditação

A experiência que o povo de Israel fez de Deus foi, em várias ocasiões, expressa pela metáfora da luz e do sol. Ao voltar, por exemplo, do cativeiro da Babilônia, o profeta Isaías animava os deportados que voltavam com esta imagem: "Levante-se, Jerusalém! Brilhe, pois chegou a sua luz, a glória do Senhor brilha sobre você. Sim, a treva cobre a terra, névoas espessas envolvem os povos, mas sobre você brilha o Senhor, e sua glória a ilumina. Sob a luz de você caminharão os povos, e os reis andarão ao brilho do seu esplendor" (Is 60,1-3). Assim também o profeta Malaquias: "Para vocês que temem o Senhor brilhará o sol da justiça" (Ml 3,20).

Na plenitude dos tempos, o nascimento do Senhor foi expresso, por Zacarias, pai de João Batista, como "a visita do sol que nasce do alto, para iluminar os que vivem nas trevas e na sombra da morte" (Lc 1,78-79). João, ao falar do Verbo, anuncia-o como realidade de luz (Jo 1,9). Quando o profeta Simeão, no dia em que Maria e José levaram o menino para ser apresentado ao templo, tomou Jesus em seus braços, proclamou-o como "luz para iluminar as nações e glória de Israel" (Lc 2,32). E o Cristo mesmo se revelou como a luz do mundo. Desta forma, a comunidade cristã, luz do mundo e sal da terra (cf. Mt 5,12), é chamada a vestir as armas da luz e a viver honestamente, em pleno dia (cf. Rm 13,12-14).

10. Cântico de Maria

Na espera amorosa do novo natal do Senhor, com Maria, aclamamos a Jesus como o Sol do Oriente, estrela a clarear nossas noites. Peçamos a ele que expulse as trevas do nosso mundo e desperte no coração da humanidade o desejo de trilhar o caminho do bem viver e da paz.

Ó... Ó Sol do Oriente:
És o Sol da Justiça que desponta,
resplendor de uma luz que não se apaga,
quem habita nas trevas te aguarda,
quem do cego pecado está na sombra,
quem da morte adormece, leva em conta,
vem, Senhor, essa escuridão faz clara, ó, ó.

Vem, ó Filho de Maria,
vem raiar sol da justiça,
quanta sede, quanta espera,
quando chega, quando chega aquele dia?...

- A minha'alma engrandece o Senhor
e exulta o meu espírito em Deus, meu Salvador;
- porque olhou para a humildade de sua serva,
doravante as gerações hão de chamar-me de bendita.
- O poderoso fez em mim maravilhas,
e santo é seu nome!
- Seu amor para sempre se estende
sobre aqueles que o temem;
- manifesta o poder de seu braço,
dispersa os soberbos;
- derruba os poderosos de seus tronos
e eleva os humildes;
- sacia de bens os famintos,
despede os ricos sem nada.
- Acolhe Israel, seu servidor,
fiel ao seu amor,
- como havia prometido a nossos pais,
em favor de Abraão e de seus filhos para sempre.
- Glória ao Pai e ao Filho e ao Espírito Santo.
Como era no princípio, agora e sempre. Amém!

11. Preces

Irmãos e irmãs, com Maria, aguardemos vigilantes a manifestação do Filho de Deus que a todos quer salvar.

Maranatha, vem, Senhor Jesus!

- Ó Cristo, clarão da glória do Pai, vem dissipar as trevas do mundo, dá aos povos a tua paz.
- Ó Cristo, assumiste nossa fraqueza e nossa pobreza, faze-nos fortes e ricos em teu amor!
- Ó Cristo, faze de nosso coração e de todo o nosso ser a tua morada e vem nos salvar!
- Ó Cristo, guia em teu caminho todos nós que te esperamos nas estradas deste mundo...
- Ó Cristo, esperança dos mortais, dá vida e ressurreição às nossas irmãs e irmãos falecidos.

Preces espontâneas...

Pai-nosso

Já está bem perto a nossa salvação! Em comunhão com a criação inteira, que geme e sofre em dores de parto, digamos a oração que o Senhor nos ensinou:
Pai nosso... pois vosso é o Reino, o poder e a glória para sempre.

Oração

Ó Deus de bondade,
olha o teu povo reunido nesta novena de Natal.
Dá-nos a graça de acolher com muita alegria
nosso Senhor Jesus Cristo que vem
e anunciar com nossa vida
o mistério de sua encarnação em nossa humanidade.
Por Cristo, nosso Senhor. **Amém.**

Ou:

Ó Deus, esplendor de luz,
enviaste teu filho Jesus, como sol do oriente
para conduzir-nos nos caminhos da paz.

Escuta as preces destes teus filhos e filhas em oração.
Restaura-nos no teu amor,
manifesta a tua misericórdia e dá-nos a tua salvação.
Por Cristo, nosso Senhor. **Amém.**

12. Bênção

O Deus da esperança e da paz permaneça com todos nós e nos abençoe, ele que é Pai, Filho e Espírito Santo. **Amém.**
Bendigamos ao Senhor! **Graças a Deus!**
O auxílio divino permaneça sempre conosco.
E com nossos irmãos e irmãs ausentes.

8º DIA

22 DE DEZEMBRO
Ó REI DAS NAÇÕES!

1. Chegada

Silêncio, oração pessoal...
Refrão meditativo: "Senhor, nós te esperamos", n. 1, p. 63. Ou outro à escolha, p. 63 a 64.

2. Acendimento da vela do Advento

Alguém acende a oitava vela e faz a oração:

Bendito sejas, Deus das promessas,
porque iluminas as nossas vidas
com a luz de Jesus Cristo, teu filho,
a quem esperamos com toda a ternura do coração. **Amém.**

3. Abertura

- Vem, ó Deus da Vida, vem nos ajudar! (bis)
Vem, não demores mais, vem nos libertar! (bis)
- Glória ao Pai e ao Filho e ao Santo Espírito! (bis)
Glória à Trindade Santa, glória ao Deus bendito! (bis)
- Aleluia, irmãs, aleluia, irmãos! (bis)
Nosso Senhor vem vindo, a Deus louvação! (bis)
- De pé vigilantes, lâmpadas nas mãos! (bis)
Ele já está bem perto, nossa Salvação! (bis)

4. Recordação da vida

Para este oitavo dia da nossa novena, trazemos como clamor diante de Deus todas as divisões, separações, desigualdades, discriminações que precisam ser superadas.
Invocamos hoje o Senhor como Rei das Nações e Desejado dos Povos!

Nesta comunhão, lembremos os fatos, os acontecimentos, as pessoas, os grupos... com quem queremos estar reunidos e unidos nesta espera do novo natal do Senhor.

As pessoas podem lembrar fatos que são sinais da chegada do Reino já presentes, ou situações que imploram por sua vinda.

5. Hino

Ó vem, ó vem, Emanuel, n. 11, p. 65. Ou outro à escolha, p. 65 a 69.

6. Salmodia

Salmo 85(84), p. 75. Ou outro à escolha, p. 70 a 84.

7. Leitura bíblica

Ap 11,15

Leitura do livro do Apocalipse.

O sétimo anjo tocou a trombeta.
E vozes bem fortes começaram a gritar no céu:
"A realeza do mundo passou agora
para nosso Senhor e para o seu Cristo.
E Cristo vai reinar para sempre!".
Palavra do Senhor. **Graças a Deus.**

8. Responso

Rei das nações - **aleluia.**
Reúne os povos – **maranatha.**

Ó desejado – **aleluia.**
Vem nos desposa – **maranatha.**

Misericórdia – **aleluia.**
Vive entre nós – **maranatha.**

Ou: Como o sol nasce da aurora, n. 29, p. 85. Ou outro à escolha, p. 85 a 86.

9. Meditação

Quando, em 732 a.C., o rei da Assíria tomou os territórios da Galileia, todos em Judá passaram a temer a invasão. Mas o profeta

Isaías mostrou que o Senhor libertaria os oprimidos e traria a paz. O que levou Isaías a esta luminosa esperança foi o nascimento de Ezequias, o filho herdeiro do rei Acaz: "Porque nasceu para nós um menino, um filho nos foi dado: sobre o seu ombro está o manto real, e ele se chama Conselheiro Maravilhoso, Deus Forte, Pai para sempre, Príncipe da paz" (Is 9,5). No decorrer da história, este Rei da Justiça foi frequentemente anunciado pelos profetas: "Eu vou assentar no monte Sião uma pedra, pedra escolhida, angular, preciosa e bem firme, quem nela confiar, não será abalado" (Is 28,16).

Jesus de Nazaré consagrou todas as suas energias para iniciar e firmar o Reino de Deus, que é uma das palavras mais autênticas do Senhor, seu sonho e sua mais profunda utopia. "O Reino de Deus está próximo" foi sua primeira palavra (Mc 1,15). Tornar o Reino presente em nossa terra foi a essência de sua missão. E aos seus seguidores recomendava fazer da busca do Reino e da sua justiça a motivação fundamental (cf. Mt 6,33). Identificado com o Reino de Deus, Jesus tinha medo de ser proclamado rei (cf. Jo 6,15) e até manifestou sua crítica radical aos reis da terra: "os reis das nações têm poder sobre elas... entre vocês não deverá ser assim..." (Lc 22,25). Tendo sido aclamado rei em sua entrada em Jerusalém, fez questão de dizer claramente, no seu processo de condenação, que o seu Reino não é deste mundo (cf. Jo 18,36), ao contrário, que seu Reino consistia em dar testemunho da verdade (cf. Jo 18,37).

10. Cântico de Maria

Na espera amorosa do novo natal do Senhor, aclamamos a Jesus como rei das nações, desejado dos povos e pedra angular que reconcilia e une os opostos. Suplicamos a ele que venha salvar a humanidade frágil, que ponha fim às guerras e reúna todos os povos na concórdia e na paz.

Ó... Ó Rei das nações:
Desejado dos povos, Rei das gentes,

tudo ajuntas em ti, Pedra Angular,
inimigos tu vens apaziguar,
vem salvar este povo tão dormente,
pois do barro formaste o nosso ente,
vem, Senhor, e não tardes, vem salvar, ó.

**Vem, ó Filho de Maria,
Deus da nossa alegria,**
**quanta sede, quanta espera,
quando chega, quando chega aquele dia?...**

11. Preces

Irmãos e irmãs, com Maria, aguardemos vigilantes a manifestação do Filho de Deus que a todos quer salvar.

Maranatha, vem, Senhor Jesus!

– Ó Cristo, desejado das nações, desperta em nossa humanidade o anseio pela paz.
- Ó Cristo, assumiste nossa fraqueza e nossa pobreza, faze-nos fortes e ricos em teu amor!
- Ó Cristo, faze de nosso coração e de todo o nosso ser a tua morada e vem nos salvar!
- Ó Cristo, guia em teu caminho todos nós que te esperamos nas estradas deste mundo...
- Ó Cristo, esperança dos mortais, dá vida e ressurreição às nossas irmãs e irmãos falecidos.

Preces espontâneas...

Pai-nosso

Já está bem perto a nossa salvação! Em comunhão com a criação inteira, que geme e sofre em dores de parto, digamos a oração que o Senhor nos ensinou:
Pai nosso... pois vosso é o reino, o poder e a glória para sempre.

Oração

Ó Deus de bondade,
olha o teu povo reunido nesta novena de Natal.
Dá-nos a graça de acolher com muita alegria
nosso Senhor Jesus Cristo que vem
e anunciar com nossa vida
o mistério de sua encarnação em nossa humanidade.
Por Cristo, nosso Senhor. **Amém.**

Ou:

Ó Deus, senhor do universo, enviaste teu filho Jesus,
rei das nações e príncipe da paz,
para conduzir-nos em teus caminhos de justiça.
Escuta as preces destes teus filhos e filhas em oração.
Restaura-nos no teu amor,
manifesta a tua misericórdia e dá-nos a tua salvação.
Por Cristo, nosso Senhor. **Amém.**

12. Bênção

O Deus da esperança e da paz permaneça com todos nós e nos abençoe, ele que é Pai, Filho e Espírito Santo. **Amém.**
Bendigamos ao Senhor! **Graças a Deus!**
O auxílio divino permaneça sempre conosco.
E com nossos irmãos e irmãs ausentes.

9º DIA

23 DE DEZEMBRO
Ó EMANUEL!

1. Chegada

Silêncio, oração pessoal...

Refrão meditativo: "Senhor, nós te esperamos", n. 1, p. 63. Ou outro à escolha, p. 63 a 64.

2. Acendimento da vela do Advento

Alguém acende a nona vela e faz a oração:

Bendito sejas, Deus das promessas,
porque iluminas as nossas vidas
com a luz de Jesus Cristo, teu filho,
a quem esperamos com toda a ternura do coração. **Amém.**

3. Abertura

- Vem, ó Deus da Vida, vem nos ajudar! (bis)
Vem, não demores mais, vem nos libertar! (bis)
- Glória ao Pai e ao Filho e ao Santo Espírito! (bis)
Glória à Trindade Santa, glória ao Deus bendito! (bis)
- Aleluia, irmãs, aleluia, irmãos! (bis)
Nosso Senhor vem vindo, a Deus louvação! (bis)
- De pé vigilantes, lâmpadas nas mãos! (bis)
Ele já está bem perto, nossa Salvação! (bis)

4. Recordação da vida

Para este último dia da novena, apresentemos a Deus todas as esperanças, anseios, desejos, inquietações, nossas e de todos os povos. Invocamos hoje o Senhor como Emanuel, Deus conosco!

Nesta comunhão, lembremos os fatos, os acontecimentos, as pessoas, os grupos... com quem queremos estar reunidos e unidos nesta espera do novo natal do Senhor.

As pessoas podem lembrar fatos que são sinais da chegada do Reino já presentes, ou situações que imploram por sua vinda.

5. Hino

Ó vem, ó vem, Emanuel, n. 11, p. 65. Ou outro à escolha, p. 65 a 69.

6. Salmodia

Salmo 85(84), p. 75. Ou outro à escolha, p. 70 a 84.

7. Leitura bíblica

Ap 21,3-4

Leitura do livro do Apocalipse.

Nisto, saiu do trono uma voz forte.
E ouvi: "esta é a tenda de Deus com os seres humanos.
Ele vai morar com eles. Eles serão o seu povo
e ele, Deus-com-eles, será o seu Deus.
Ele vai enxugar toda lágrima dos olhos deles,
pois nunca mais haverá morte, nem luto, nem grito, nem dor.
Sim! As coisas antigas desapareceram!"
Palavra do Senhor. **Graças a Deus.**

8. Responso

Ou: Como o sol nasce da aurora, n. 29, p. 85. Ou outro à escolha, p. 85 a 86.

Ó Deus-conosco – **aleluia**
Fica entre nós – **maranatha.**

Ó nossa paz – **aleluia.**
Cura as feridas – **maranatha.**

Entre nós – **aleluia!**
Dentro de nós – **maranatha.**

9. Meditação

Cerca de 730 anos antes de Jesus nascer, o reino de Judá foi ameaçado por seus vizinhos, para que se juntasse a eles em guerras e batalhas. O rei Acaz estava tentado a ceder, temendo uma invasão iminente. Neste contexto, recebeu do profeta Isaías o sinal de que necessitava: sua esposa daria à luz um menino, que seria chamado pelo nome de Emanuel – nome que significa Deus conosco –, e antes que ele soubesse discernir entre o bem e o mal o perigo passaria (cf. Is 7,14). O que foi dito naquele momento tornou-se a espera do povo de Israel, lembrado da revelação de Deus a Moisés (cf. Ex 3,14).

No anúncio do nascimento de Jesus a José, o evangelista Mateus citou esta profecia de Isaías. De fato, Jesus é o Deus-conosco por sua presença e proximidade para com os pobres e por sua preocupação em derrubar todas as barreiras e discriminação. Que o digam os doentes afastados do convívio por serem considerados pecadores, os publicanos e cobradores de imposto tratados como traidores do povo, as prostitutas e as mulheres adúlteras votadas à morte por leis cruéis, os pagãos e estrangeiros considerados impuros, as mulheres e as crianças colocadas à margem da vida social, os pobres explorados de todas as formas... Todos eles fizeram a experiência do Deus conosco, registrada em cada página do Evangelho. Por isso, São Paulo, na Carta aos Efésios, pode dizer que Jesus é nossa paz, porque "de dois povos, ele fez um só. Na sua carne derrubou o muro da separação: o ódio" (Ef 2,14).

10. Cântico de Maria

Na espera amorosa do novo natal do Senhor, com Maria e com todos os pobres que esperam salvação, aclamamos a Jesus, o Emanuel e supliquemos que ele se manifeste como salvação nas pequenas coisas de cada dia e nas contradições da vida.

Ó... Ó Emanuel:
Deus-conosco, ó Rei legislador,
esperança de todas as nações,

desejado de todos corações,
és dos pobres maior libertador,
finalmente salvar-nos vem, Senhor,
ó Deus nosso, ouve as nossas rogações, ó, ó.

Vem, ó Filho de Maria,
vem depressa, ó luz da vida,
quanta sede, quanta espera,
quando chega, quando chega aquele dia?...

- A minha alma engrandece o Senhor
e exulta o meu espírito em Deus, meu Salvador;
- porque olhou para a humildade de sua serva,
doravante as gerações hão de chamar-me de bendita.
- O poderoso fez em mim maravilhas,
e santo é seu nome!
- Seu amor para sempre se estende
sobre aqueles que o temem;
- manifesta o poder de seu braço,
dispersa os soberbos;
- derruba os poderosos de seus tronos
e eleva os humildes;
- sacia de bens os famintos,
despede os ricos sem nada.
- Acolhe Israel, seu servidor,
fiel ao seu amor,
- como havia prometido a nossos pais,
em favor de Abraão e de seus filhos para sempre.
- Glória ao Pai e ao Filho e ao Espírito Santo.
como era no princípio, agora e sempre. Amém!

11. Preces

Irmãos e irmãs, com Maria, aguardemos vigilantes a manifestação do Filho de Deus que a todos quer salvar.

Maranatha, vem, Senhor Jesus!

- Ó Cristo, dá-nos um coração atento aos sinais do teu amor, nas coisas simples de cada dia.
- Ó Cristo, assumiste nossa fraqueza e nossa pobreza, faze-nos fortes e ricos em teu amor!
- Ó Cristo, faze de nosso coração e de todo o nosso ser a tua morada e vem nos salvar!
- Ó Cristo, guia em teu caminho todos nós que te esperamos nas estradas deste mundo...
- Ó Cristo, esperança dos mortais, dá vida e ressureição às nossas irmãs e irmãos falecidos.

Preces espontâneas...

Oração

Ó Deus de bondade,
olha o teu povo reunido nesta novena de Natal.
Dá-nos a graça de acolher com muita alegria
nosso Senhor Jesus Cristo que vem
e anunciar com nossa vida
o mistério de sua encarnação em nossa humanidade.
Por Cristo, nosso Senhor. **Amém.**

Ou:

Ó Deus, que enviaste teu filho Jesus para ser
presença de amor em nossa vida, Deus-conosco, Emanuel.
Escuta as preces destes teus filhos e filhas em oração.
Restaura-nos no teu amor,
manifesta a tua misericórdia e dá-nos a tua salvação.
Por Cristo, nosso Senhor. **Amém.**

Pai-nosso

Já está bem perto a nossa salvação! Em comunhão com a criação inteira, que geme e sofre em dores de parto, digamos a oração que o Senhor nos ensinou:
Pai nosso... pois vosso é o reino, o poder e a glória para sempre.

12. Bênção

O Deus da esperança e da paz permaneça com todos nós e nos abeçoe, ele que é Pai, Filho e Espírito Santo. **Amém.**
Bendigamos ao Senhor! **Graças a Deus!**
O auxílio divino permaneça sempre conosco.
- E com nossos irmãos e irmãs ausentes.

CANTOS ALTERNATIVOS

Refrões meditativos

1

L: Cantos e Orações M: Adolfo Temme

Senhor, nós te esperamos, Senhor, não tardes mais.
Senhor, nós te esperamos, vem logo, vem nos salvar.

2

Taizé

Por ele esperem seu dia vem,
tenham coragem, Jesus já vem.

3

Taizé

No Senhor sempre darei graças,
no Senhor me alegrarei.
Venham todos não tenham medo,
muita alegria, o Senhor já vem,
muita alegria, o Senhor já vem.

4

Agostinha Vieira

Nossos olhos ganharão nova luz
com a tua presença, Jesus.

5

Adolfo Temme

Do tronco da vida, mesmo ferida,
nasce uma flor, rindo da dor, ô ô ô...

6

Taizé

É bom confiar em Deus, é bom confiar,
é bom esperar sempre no Senhor.

7

Agostinha Vieira

Quem cochila desperte,
o que dorme levante,
preparemos a estrada
do Senhor, caminhante.

8

Agostinha Vieira

Mudarei o sertão em açude
terra seca em olho d'água.
assim falou o Senhor das andanças
pra dar a seu povo a esperança.

9

Agostinha Vieira

Vai mudar a secura, do chão duro brotará água pura.

10

Agostinha Vieira

Teu sol não se apagará,
tua luz não terá minguante
porque o Senhor será tua luz,
ó povo que Deus conduz.

Hinos

11 Ó vem, ó vem, Emanuel

1. Ó vem, ó vem, Emanuel!
És esperança de Israel!
Promessa de libertação,
vem nos trazer a salvação!

**Dai glória a Deus, louvai, povo fiel,
virá em breve, o Emanuel.**

2. Ó Vem aqui nos animar
as nossas vidas despertar
dispersas as sombras do temor
vem pra teu povo, ó Salvador!

3. Ó vem Rebento de Jessé,
e aos filhos teus renova a fé,
que possam o mal dominar
e sobre a morte triunfar!

4. Vem, esperança das nações
habita em nossos corações
toda Discórdia se desfaz
tu és Senhor o rei da paz!

12 Sentinela, vai-se a noite

Jaime C. Diniz

1. Sentinela, vai-se a noite,
que sinais me tens a dar?
Que me dizes das promessas
do divino amor sem par?
Caminheiro! Não percebes
sobre o monte a cintilar,
nova estrela portadora
de mensagem singular?

2. Sentinela! Tais fulgores
podem bênçãos predizer?
Sim, o brilho desta estrela
novos tempos vem trazer;
novos dias, novas eras,
tudo novo nos vai ser
para todos neste mundo,
quando o brilho seu vencer!

3. Sentinela, eis! Nasce o dia;
foge a noite, tudo é luz;
Vai-se a treva, cesse o medo,
já nos falam de Jesus!
Sentinela, vai-te embora,
grande graça nos conduz.
Pois na terra já dominam
doce amor e paz, a luz.

13 Oh! Vinde, enfim

1. Oh! Vinde, enfim, eterno Deus.
Descei, descei dos altos céus.
Deixai a vossa habitação,
que a terra espera a salvação.

2. Que o céu roreje o Redentor,
baixai das nuvens, ó Senhor!
Germine a terra o nosso Deus,
pra que nos abra os altos céus.

3. Por que tardais, ó bom Jesus,
em rebrilhar na vossa luz?
Em treva densa o mundo jaz;
trazei a luz, o amor, a paz!

4. Oh! Vinde, enfim, Senhor, a nós,
ressoe no mundo a vossa voz.
No mundo brilhe o vosso olhar.
Oh! Vinde, enfim, sem demorar.

14 Ouve-se na terra

Pe. Raimundo Galvão

**Ouve-se na terra um grito,
do povo um grande clamor:
Senhor, abre os céus,
que as nuvens chovam o Salvador.**

1. É um só canto de amor e esperança
que a terra mãe, germinando, contém:
A ti Senhor nós clamamos:
Vem, Senhor Jesus, vem!

2. Mesmo se as guerras destroem a terra
pondo em perigo a paz e o bem,
que a nossa voz não se canse:
vem, Senhor Jesus, vem!

3. Vem reunir hoje as tuas Igrejas,
a tua prece rezamos também.
O nosso amor sempre espere:
vem, Senhor Jesus, vem!

15 Oh! Vem, Senhor

Zé Vicente

**Oh! Vem, Senhor, não tardes mais,
Vem saciar nossa sede de paz!**

1. Oh! Vem, como chega a brisa do vento
trazendo aos pobres justiça e bom tempo!

2. Oh! Vem, como chega a chuva no chão
trazendo fartura de vida e de pão!

3. Oh! Vem, como chega a luz que faltou
só tua palavra nos salva, Senhor!

4. Oh! Vem, como chega a carta querida
bendito carteiro do reino da vida!

5. Oh! Vem, como chega o filho esperado
caminha conosco, Jesus bem-amado!

6. Oh! Vem, como chega o libertador
das mãos do inimigo, nos salva, Senhor!

16 Quando virá, Senhor

1. Quando virá, Senhor, o dia,
em que apareça o Salvador
e se efetue a profecia:
"Nasceu do mundo o redentor"?

**Orvalhai lá do alto, ó céus,
e as nuvens chovam o justo!**

2. Aquele dia prometido
à antiga fé de nossos pais,
dia em que o mal será banido,
mudando em risos nossos ais!

3. Quando felizes o veremos,
no firmamento despontar
e a espargir clarão supremo,
da terra as trevas dispersar?

4. Filha de reis, ó virgem pura,
sai da modesta posição;
em ti, embora criatura,
de Deus se fez a encarnação!

17 O Senhor virá
Maria de Fátima de Oliveira/ Frei Joel Postma

**O Senhor virá libertar o seu povo
e do mundo velho nascerá o novo.**

1. Se quem tem sede procura a fonte,
nós procuramos o teu altar.
Vem, ó Deus vivo, salvar teu povo,
vem sem demora nos libertar!

2. Teu povo, outrora, sofreu no Egito
todas as dores da servidão.
Teu novo povo, também sofrido,
de ti espera libertação.

3. Marchaste, outrora, com teus amigos
e os conduziste com segurança.
Vem, novamente, marchar conosco,
Senhor da história, nossa esperança.

4. Vem sem demora guiar teu povo
pelos caminhos de cada dia.
Se estás conosco, a noite é clara
e até do pranto nasce a alegria.

18 Lá vem, lá vem

Reginaldo Veloso

1. O Sertão seco pela chuva a suspirar,
dos oprimidos geme o peito em oração,
vem, ó Senhor, nos libertar, não tardes mais,
junte esse povo e realize a promissão.

Lá vem, lá vem, já se aproxima a redenção.

2. A voz do anjo sussurrou nos teus ouvidos:
"Ave Maria serás mãe da Salvação".
Maria-Igreja, vai dizer aos oprimidos
que a terra nova já se encontra em gestação.

3. Das encurvadas as cabeças se levantam,
dos explorados unem-se as cansadas mãos.
E os gemidos vão virando um forte canto,
o pobre unido é sinal de Redenção.

Salmos

19 Salmo 24(23)

Versão e melodia: Reginaldo Veloso

"Bendito seja aquele que vem como rei, em nome do Senhor!" (Lc 19,38).
Como na procissão da arca de Deus em Jerusalém, hoje cantamos este louvor ao Senhor e meditamos sobre a justiça que ele pede para vivermos em sua comunhão.

Vem vindo o Senhor,
vem vindo o Rei da glória!
Que tem mãos inocentes,
com ele vai morar!
Abri as vossas portas,
que o Rei já vai chegar! (bis)

1. O mundo e tudo o que tem nele é de Deus,
a terra e os que aí vivem, todos seus!
Foi Deus que a terra construiu por sobre os mares,
no fundo do oceano, seus pilares!

2. Quem vai subir ao monte santo do Senhor,
da sua casa vai ser morador?
Quem tem as mãos bem limpas de toda maldade
e puro o coração na lealdade!

3. Quem vai subir ao monte santo do Senhor,
da sua casa vai ser morador?
Quem não confia em deuses falsos, deuses vãos,
nem jura em prejuízo dos irmãos!

4. A bênção, a bênção do Senhor receberá,
justiça e salvação encontrará!
Aí está a geração que busca a Deus,
a face do Senhor, Deus dos hebreus!

5. Quem é, quem é, então, quem é o Rei da Glória?...
O Deus forte Senhor da nossa história!
Portões antigos se escancarem, vai chegar,
alerta, o rei da glória vai entrar!

6. Quem é, quem é, então, quem é o Rei da glória?...
O Deus que tudo pode é o Rei da glória!
Aos Três, ao Pai, ao Filho e ao Confortador
da Igreja que caminha o louvor!

Oração silenciosa, repetindo no coração o que calou mais fundo...

Oração sálmica:

Ó Deus, Senhor da história e do mundo,
tu nos enviaste teu filho Jesus
e nele fizeste repousar tua glória e teu esplendor.
Olha toda pessoa que busca a tua face.
Livra-nos de toda maldade e idolatria
e torna-nos dignos da tua morada.
Por Cristo, nosso Senhor. Amém.

20 Salmo 25(24)

Versão e melodia: Reginaldo Veloso

"A esperança não decepciona, pois o amor de Deus foi derramado em nossos corações pelo Espírito que nos foi dado" (Rm 5,5). Conscientes de nossas limitações e fraquezas, entreguemo-nos nas mãos do Senhor, o Deus da nossa esperança.

Por ti anseia meu coração,
Deus de Jesus, libertação! (bis)

1. A ti, Senhor, elevo a minh'alma,
em ti, meu Deus, sim, muito eu confio,
jamais eu fique envergonhado
jamais triunfem meus inimigos.

2. Não fica mesmo envergonhado
quem sua esperança em ti coloca;
envergonhado há de ficar
quem sem motivo te abandona.

3. Mostra, Senhor, a mim teus caminhos,
com tua verdade guia teu servo;
meu Salvador tu és, ó meu Deus,
o dia todo em ti espero!

4. Lembra, Senhor, tua misericórdia
e teu amor, que sempre existiu;
do meus pecados tu te esqueças,
bom como tu, quem mais já se viu?!

5. Correto e bom, somente o Senhor
e aos pecadores mostra o caminho,
os pobres guia pelo direito
e orienta os pequeninos.

6. São só verdade tuas veredas
e teus caminhos são só amor
para quem guarda tua Aliança
e teus preceitos cumpre, ó Senhor.

7. Por tua causa, pelo teu nome,
por tua honra, ó meu Senhor,
vem perdoar-me, pois minha falta,
ela é tão grande, é um horror.

8. Quem entre nós teme o Senhor?...
Pois vai mostrar-lhe por onde andar,
a sua alma será feliz,
sua raça a terra possuirá!

9. O seu segredo é dos que temem,
sua Aliança lhes revelou
no meu Senhor repousam meus olhos,
meus pés do laço já libertou.

10. Olha pra mim, Senhor, piedade
deste infeliz em tal solidão...
Vem me livrar de tamanha angústia,
tirar-me o peso do coração!

11. Vê mi'a fadiga, vê mi'a miséria,
perdoa todos os meus pecados;
meus inimigos se multiplicam,
me odeiam como a um condenado.

12. Guarda-me a vida e me liberta!
que eu jamais fique envergonhado
por abrigar-me em ti, Senhor,
por teu refúgio eu ter buscado.

13. Que a retidão me mantenha firme,
pois em ti ponho minha esperança!
Ó Deus liberta Israel, teu povo
de toda angústia e desesperança!

14. A ti a glória, Deus Salvador,
teu Filho deste-nos por Maria!
Glória a Jesus e glória ao Divino,
fonte de paz, de amor e alegria!

Oração silenciosa, repetindo no coração o que calou mais fundo...

Oração sálmica:

Ó Deus, refúgio dos pequeninos e esperança dos humildes,
a tua misericórdia e teu amor duram para sempre.
A nós reunidos em teu nome, revela-nos teus segredos,
guia-nos em teus caminhos, Deus libertador!
Por Cristo, nosso Senhor. Amém.

21 Salmo 80(79)

Versão e melodia: Reginaldo Veloso

"Graças ao misericordioso coração do nosso Deus, o sol que nasce do alto nos visitará" (Lc 1,78).
Peçamos ao Senhor que renove a unidade do seu povo dividido e venha de novo nos guiar em seus caminhos.

**Eis que de longe vem o Senhor
para as nações do mundo julgar,
e os corações alegres 'starão
como nu'a noite em festa a cantar!**

1. Senhor Deus, ouve, escuta:
do teu povo és o Pastor;
de tua tenda de bondade
faz-nos ver o esplendor,
teu poder desperta e vem,
vem salvar-nos, ó Senhor!

2. Até quando estarás
indignado contra a gente?...
Até quando o pão da dor
comerá amargamente
este povo que tornaste
dos vizinhos o joguete?...

3. Do Egito uma videira
arrancaste com amor,
com cuidado a replantaste,
suas raízes afundou,
e por sobre a terra toda
sua sombra se espalhou...

4. Mas, Senhor, o que fizeste?...
Por que teu amor se agasta?...
Derrubaste as suas cercas,

todo mundo agora passa,
cada um invade e rouba,
quebra os ramos e devasta!

5. E a vinha que plantaste
já não vens mais visitar?...
O cuidado de tuas mãos
já nem queres mais olhar?...
Desgalhada, murcha e seca,
desse jeito vais deixar?...

6. Sobre o povo que escolheste
tua forte mão estende,
tua face sobre nós,
resplender faze clemente,
restaurar-nos vem, Senhor,
vem salvar a tua gente!

Oração silenciosa, repetindo no coração o que calou mais fundo...

Oração sálmica:

Ó Deus, pastor e amigo da humanidade,
tu nos deste Jesus como vinha fecunda e como amor fiel.
Visita a vinha que tua mão plantou,
para que possamos viver como povo a ti consagrado,
a serviço do Reino, no amor.
Por Cristo, nosso Senhor. Amém.

22 Salmo 85(84)

Versão e melodia: Reginaldo Veloso

"A palavra se fez homem e habitou entre nós. E nós contemplamos a sua glória" (Jo 1,14).
Retomando esta prece do povo ao retornar do cativeiro para a terra prometida, agradeçamos ao Senhor e peçamos a ele que complete em nós a salvação.

**Das alturas orvalhem os céus
e as nuvens, que chovam justiça,
que a terra se abra ao amor
e germine o Deus Salvador.**

1. Foste amigo, antigamente,
desta terra que amaste,
deste povo que escolheste;
sua sorte melhoraste,
perdoaste seus pecados,
tua raiva acalmaste.

2. Vem, de novo, restaurar-nos!
Sempre irado estarás,
indignado contra nós?
E a vida não darás?
Salvação e alegria,
outra vez, não nos trarás?

3. Escutemos suas palavras,
é de paz que vai falar;
paz ao Povo, a seus fiéis,
a quem dele se achegar.
Está perto a salvação
e a glória vai voltar.

4. Eis: Amor, Fidelidade
vão unidos se encontrar,
bem assim, Justiça e Paz
vão beijar-se e se abraçar.
Vai brotar Fidelidade
e Justiça se mostrar.

5. E virão os benefícios
do Senhor a abençoar;

E os frutos do amor
desta terra vão brotar,
a justiça diante dele
e a paz o seguirá.

6. Glória ao Pai onipotente
ao que vem, glória e amor.
Ao Espírito cantemos;
Glória a nosso Defensor!
Ao Deus uno e trino demos
a alegria do louvor.

Oração silenciosa, repetindo no coração o que calou mais fundo...

Oração sálmica:
Ó Deus, amigo do teu povo,
em Jesus Cristo, colocaste a salvação bem perto de nós.
Cuida do teu povo e de todos que a ti se achegam.
Manifesta no universo a tua justiça e tua paz,
para que a terra toda goze de teus benefícios.
Por Cristo, nosso Senhor. Amém.

23 Salmo 126(125)

"Se vocês participam dos nossos sofrimentos, também participarão da nossa consolação" (2Cor 1,7).
Como o povo da volta do cativeiro e os discípulos de Jesus após a ressurreição, no findar deste dia, cantemos a alegria pelas vitórias conquistadas e reavivemos nossa esperança no dia novo que virá.

Todo povo sofredor (bis)
o seu pranto esquecerá (bis)
pois o que plantar na dor (bis)
na alegria colherá (bis).

1. Retornar do cativeiro,
fez-se sonho verdadeiro,
sonho de libertação.

Ao voltarem, os exilados,
Deus trazendo os deportados,
libertados pra Sião!

2. Nós ficamos tão felizes,
nossa boca foi sorrisos,
nossos lábios só canções!
Nós vibramos de alegria:
"O Senhor fez maravilhas",
publicaram as nações!

3. Ó Senhor, Deus poderoso,
não esqueçais vosso povo
a sofrer na escravidão.
Nos livrai do cativeiro,
qual chuvada de janeiro
alagando o sertão.

4. Semeando na agonia,
espalhando cada dia
a semente do amanhã.
A colheita é uma alegria,
muito canto e euforia:
é fartura, é Canaã.

Oração silenciosa, repetindo no coração o que calou mais fundo...

Oração sálmica:
Deus da nossa libertação, tu que estás sempre presente nas lutas e vitórias do teu povo, faze germinar as sementes de justiça que semeamos entre lágrimas, para que possamos recolher com alegria o que esperamos com paciência. Por Cristo, nosso Senhor. Amém.

24 Salmo 130(129)

**Confia minh'alma no Senhor,
nele está minha esperança.**

1. Das profundezas, Senhor clamo a ti:
Escuta a minha voz!
Atento se façam teus ouvidos ao clamor da minha prece.

2. Se reténs os pecados, Senhor,
quem poderá subsistir?
Mas em ti se encontra o perdão:
Eu temo e espero.

3. No Senhor ponho a minha esperança
e na sua palavra
espera a minh'alma o Senhor
mais que os guardas pela aurora.

4. No Senhor está toda a graça,
copiosa redenção,
ele vem resgatar Israel
de toda iniquidade.

5. Glória ao Deus presente em toda a terra
que Jesus manifestou,
ao Espírito de Deus amor materno,
toda graça e todo amor.

25 Salmo 147(146) – parte A

Versão e melodia: Reginaldo Veloso

"A Cidade não precisa do sol nem da luz para ficar iluminada, pois a glória de Deus a ilumina e sua lâmpada é o Cordeiro" (Ap 21,23). Com este hino que canta a reconstrução de Jerusalém depois do exílio, vamos ao encontro do Senhor que se aproxima de nós e cura nossas enfermidades.

**Jerusalém, Povo de Deus, Igreja santa,
levanta e vai, sobe as montanhas, ergue o olhar:
Lá no oriente desponta o sol da alegria,
que vem de Deus aos filhos teus: eis o teu dia!**

1. Louvai, é bom cantar,
merece o nosso Deus!
Jerusalém renova
e junta os filhos seus!
Dos corações feridos,
quem cuida é Deus dos céus!

2. São quantas as estrelas,
quem é que vai saber?...
Quem sabe o nome delas?...
Só ele tem poder!
Levanta os humilhados,
os maus vai abater!

3. Cantai a nosso Deus,
ao som de violões!
Com nuvens cobre os céus,
e desfaz os torrões!
E faz brotar nos campos,
as ervas e os feijões!

4. Fornece o alimento,
às aves e animais!
Na força dos guerreiros,
meu Deus não se compraz!
Quem teme e nele espera
lhe agrada muito mais!

5. Ao Pai do céu louvemos
e ao que vem, cantemos;
E ao Divino, então,
a nossa louvação!
Os Três que são um Deus,
exalte o povo seu!

Oração sálmica:

Ó Deus de ternura,
que reuniste teus filhos e filhas em Jesus
e vieste cuidar de nossas feridas.
Recebe, agora, o louvor daqueles que tu levantas e sustentas.
Que nossa confiança e alegria estejam somente em ti,
e em teus caminhos.
Por Cristo, nosso Senhor. Amém.

26 Salmo 147(147) – parte B

"A Cidade não precisa do sol nem da luz para ficar iluminada, pois a glória de Deus a ilumina e sua lâmpada é o Cordeiro" (Ap 21,23). Com este hino que canta a reconstrução de Jerusalém depois do exílio, vamos ao encontro do Senhor que se aproxima de nós com a sua paz.

Jerusalém, Povo de Deus, Igreja santa,
levanta e vai, sobe as montanhas, ergue o olhar:
lá no oriente desponta o sol da alegria,
que vem de Deus aos filhos teus: eis o teu dia!

1. Louva, Jerusalém,
louva o Senhor teu Deus:
Tuas portas reforçou,
e os teus abençoou;
Te cumulou de paz,
e o trigo em flor te traz!

2. Sua Palavra envia
corre veloz sua voz.
Da névoa desce o véu,
unindo a terra e o céu;
As nuvens se desmancham,
o vento sopra e avança.

3. Ao Povo revelou
palavras de amor.
A sua Lei nos deu
e o Mandamento seu;
Com ninguém fez assim,
amou até o fim.

4. Ao Deus do céu louvemos
e ao que vem, cantemos;
E ao Divino, então,
a nossa louvação!
Os Três, que são um Deus,
exalte o Povo seu!

Oração sálmica:

Deus da vida, tu amaste tanto o teu povo,
que nos enviaste Jesus, teu filho, tua palavra e tua voz,
para nos revelar tuas leis e mandamentos.
Recebe o louvor de todos e todas a ti consagrados,
protege-nos de todos os perigos
e sacia-nos com teu pão e tua paz.
Por Cristo, nosso Senhor. Amém.

27 Da cepa brotou a rama (Isaías 11)

Versão: Reginaldo Veloso

"O Senhor dará a ele o trono de Davi, seu pai, e ele reinará para sempre" (Lc 1,32).
Diante de tantas situações de extrema dor e sofrimento, cantemos, com as palavras do profeta Isaías, a força criadora do Deus que, em Jesus Cristo, sempre abre caminhos novos e faz o deserto florir.

**Um ramo irá brotar
da cepa e se espalhará,
sua glória a terra vai encher
e a salvação, brilhar!**

1. O Espírito de Deus
sobre ele pousará,
de saber, de entendimento
este Espírito será.
De conselho e fortaleza,
de ciência e de temor,
achará sua alegria
no temor do seu Senhor.

2. Não será pela ilusão
do olhar, do ouvir dizer,
que ele irá julgar os homens,
como é praxe acontecer...
Mas os pobres desta terra
com justiça julgará
e dos fracos o direito
ele é quem defenderá.

3. A palavra de sua boca
ferirá o violento
e o sopro de seus lábios
matará o avarento...
A justiça é o cinto
que circunda a sua cintura
e o manto da lealdade
é a sua vestidura.

4. Neste dia, neste dia,
o incrível, verdadeiro,
coisa que nunca se viu,
morar lobo com cordeiro...
A comer do mesmo pasto
tigre, boi, burro e leão
Por um menino guiados
se confraternizarão.

5. Um menino, uma criança
com as feras a brincar
e nenhum mal, nenhum dano
mais na terra se fará...
Da ciência do Senhor
cheio o mundo estará,
como o sol inunda a terra
e as águas enchem o mar.

6. Neste dia, neste dia
o Senhor estenderá
sua mão libertadora,
pra seu povo resgatar...
Estandarte para os povos
o Senhor levantará,
a seu povo, à sua Igreja
toda a terra acorrerá.

7. A inveja, a opressão
entre irmãos se acabará
e a comunhão de todos
o inimigo vencerá...
Poderosa mão de Deus
fez no Egito o mar secar;
para o resto do seu povo
um caminho abrirá.

28 Cântico de Maria (Lc 1,46-55)

Versão e melodia: Reginaldo Veloso

A minh'alma engrandece o Senhor,
meu coração muito se alegrou
em Deus, meu Salvador,
em Deus, meu Salvador!

1. A minh'alma exalte o Senhor
e o meu coração, vibrando, se alegra
em Deus que é meu Salvador,
o Deus que minh'alma alegre celebra.

2. Ele voltou seu olhar
para a pequenez de sua servidora
e todas as gerações
me proclamarão feliz e ditosa!

3. Ele que é todo poder
me fez grandes coisas, santo é seu nome!
Sua bondade se estende
de pais para filhos sobre os que o temem!

4. Ele agiu com braço forte
e os cheios de orgulho ele dispersou!
Botou abaixo os potentes,
humildes, pequenos, ele elevou!

5. Ele enricou os famintos
e os ricos, sem nada, embora mandou!
Ele a seu povo acudiu,
de sua promessa aos pais se lembrou!

6. Ele aliou-se a Abraão
e a seus descendentes, sem fim, também!
Glória ao Pai por seu Filho,
no Espírito Santo, pra sempre. Amém!

Responsos

29 Como o sol nasce da aurora – Sl 80(79)

Como o sol nasce da aurora, de Maria nascerá
aquele que a terra seca em jardim converterá.
Ó Belém, abre teus braços ao pastor que a ti virá.

**- Emanuel, Deus-conosco,
vem ao nosso mundo, vem!**

1. Ouve, ó pastor do teu povo,
vem do alto céu onde estás!
T: Emanuel, Deus conosco...

2. Vem teu rebanho salvar,
mostra o amor que lhe tens!
T: Emanuel, Deus conosco...

3. Salva e protege esta vinha,
foi tua mão que a plantou!
T: Emanuel, Deus conosco...

4. Salva e confirma este eleito,
ele, que é nosso pastor!
T: Emanuel, Deus-conosco...

Como o sol nasce da aurora...

30 Muito suspira por ti

Pe. Geraldo Leite Bastos

1. Muito suspira por ti
teu povo fiel, tua Israel, (bis)
ó santo Messias! (bis)

2. Tua lembrança embalsama
dos que te amam os tristes dias. (bis)
Ó santo Messias! (bis)

3. A nação que te adorava
tornaram-na escrava, encheram-na de dor. (bis)
Ó santo Messias! (bis)

4. Apressa-te em vir libertá-la
em vir salvá-la, bendito Senhor,
bendito Senhor! (bis)

31 Abra a porta, abra a janela

Frei Adolfo Temme

Solo canta, a assembleia repete:

Abra a porta, abra a janela,
venha ver quem é que vem.
É Jesus que vem chegando,
Ele é o nosso bem.

Solo:

Vamos logo ao seu encontro
com amor, ele já vem.

Assembleia:

É Jesus que vem chegando.
Ele é o nosso bem.

Solo:

Glória ao Pai e glória ao Filho,
glória ao Espírito, também.

Assembleia:

**É Jesus que vem chegando.
Ele é o nosso bem.**

Despedida

32 Hino à virgem fiel

Reginaldo Veloso

1. Pelo anjo visitada
te encheste de temor,
mas confiada respondeste:
"Eis a serva do Senhor!".
O Espírito desceu,
sua força te animou,
em teu seio se fez carne
a Palavra do Senhor.

**Maria cheia de graça,
Virgem mãe do Salvador,
ensina-nos a escutar
a Palavra do Senhor.**

2. Isabel tu visitaste,
alegraste o Precursor:
"feliz tu que acreditaste
na Palavra do Senhor!".
De alegria exultaste
e cantaste ao Salvador,
pois em ti fez grandes coisas
a Palavra do Senhor.

33 Salve, Maria

Pe. Jocy Rodrigues

**Salve, Maria,
tu és a estrela virginal de Nazaré,
és a mais bela entre as mulheres,
cheia de graça, esposa de José.**

1. O anjo Gabriel foi enviado
à vilazinha de Nazaré,
para dar um recado lá do céu,
àquela moça que casara com José.

2. Maria, ao ver o anjo, se espantou
e o anjo disse nada temer,
pois ela tem cartaz lá pelo céu
e o próprio Deus, um dia, dela irá nascer.

3. Maria acha difícil esta mensagem
e o anjo afirma que Deus fará
e sua prima Isabel, embora velha,
vai ter um filho que João se chamará.

4. Maria fez-se escrava do Senhor
e apresentou-se para a missão,
de ser a imaculada mãe de Deus
contribuindo para nossa salvação.

BÊNÇÃO DA CASA

Diante de uma vasilha de água e um raminho verde, quem coordena reza:

Senhor Jesus, a tua amizade é a nossa alegria.
Aceita a hospitalidade do nosso coração,
e vem fazer morada em nossa vida e nesta casa.
Nós te bendizemos por esta água
e pedimos que a tua bênção desça sobre esta família,
para que ela viva bem unida e seja generosa e acolhedora
com todos que aqui chegarem.
Vem, Senhor Jesus, e fica conosco
agora e sempre. Amém.

A dona da casa asperge as pessoas e os compartimentos da casa, enquanto se canta:

**Tua bênção, Senhor, nos ilumine,
tua face, Senhor, sobre nós brilhe.
Teu poder encerra paz e retidão
bênção e frutos por todos este chão.**

BÊNÇÃO DA MESA

Bendito sejas, Senhor Jesus,
por esta refeição que nos reúne na amizade
e na alegria de preparar o teu Natal.
Vem, à nossa mesa, fortalece entre nós,
Os laços de unidade e o desejo da tua Palavra.
Que sejamos como tu, servidores e servidoras do Reino,
para a glória do Pai, bendito pelos séculos. Amém.

ÍNDICE ALFABÉTICO DO REPERTÓRIO

Abra a porta, abra a janela 86
Cântico de Maria 84
Cântico de Maria (versão1) 13
Cântico de Maria (versão 2) 32
Cântico de Maria (versão 3) 37
Como o sol nasce da aurora– Sl 80(79) 85
Da cepa brotou a rama (Is 11) 82
Do tronco da vida 63
É bom confiar em Deus 64
Hino à Virgem fiel 87
Lá vem, lá vem 69
Mudarei o sertão 64
Muito suspira por ti 86
No Senhor sempre darei graças 63
Nossos olhos 63
O Senhor virá 69
Ó vem, ó vem, Emanuel 65
Oh! Vem, Senhor 67
Oh! Vinde, enfim 66
Ó... Ó chave de Davi 43
Ó... Ó Emanuel 59
Ó... Ó Libertação 20
Ó... Ó Mistério 13
Ó... Ó Raiz de Jessé 37
Ó... Ó Rei das nações 54
Ó... Ó Sabedoria 26
Ó... Ó Senhor, ó Adonai 32
Ó... Ó Sol do Oriente 49
Ouve-se na terra 67

Por ele esperem 63
Quando virá, Senhor 68
Quem cochila, desperte..64
Salmo 24(23) – Vem vindo o Senhor.....................................70
Salmo 25(24) – Por ti anseia meu coração............................71
Salmo 80(79) – Eis que de longe vem o Senhor...................74
Salmo 85(84) – Das alturas..75
Salmo 126(125) – Todo povo sofredor 77
Salmo 130(129) – Confia minh'alma no Senhor 78
Salmo 147(146) – Jerusalém, povo de Deus.........................79
Salve, Maria 87
Senhor, nós te esperamos 63
Sentinela, vai-se a noite 65
Teu sol não se apagará 64
Vai mudar a secura 64
Vem, ó Deus da vida 11
Vem vindo o Senhor..70

ÍNDICE DO REPERTÓRIO CONFORME A SEQUÊNCIA DO ROTEIRO

Refrões meditativos

Senhor, nós te esperamos 63
Por ele esperem 63
No Senhor sempre darei graças..63
Nossos olhos 63
Do tronco da vida...63
É bom confiar em Deus..64
Quem cochila, desperte..64
Mudarei o sertão 64
Vai mudar a secura...64
Teu sol não se apagará 64

Abertura

Vem, ó Deus da Vida.. 11

Hinos

Ó vem, ó vem, Emanuel...65
Sentinela, vai-se a noite 65
Oh! Vinde, enfim..66
Ouve-se na terra 67
Oh! Vem, Senhor..67
Quando virá, Senhor 68
O Senhor virá 69
Lá vem, lá vem..69

SALMOS

Salmo 24(23) Vem vindo o Senhor.....................................70
Salmo 25(24) Por ti anseia meu coração............................71
Salmo 80(79) Eis que de longe vem o Senhor...................74
Salmo 85(84) Das alturas orvalhem os céus......................75

Salmo 126(125) Todo povo sofredor 77
Salmo 130(129) Confia minh'alma no Senhor 78
Salmo 147(146) A – Jerusalém, povo de Deus 79
Salmo 147(146) B – Jerusalém, povo de Deus 81

Responsos

Como o sol nasce da aurora – Sl 80(79) 85
Muito suspira por ti 86
Abra a porta, abra a janela 86

Cântico de Maria e Antífonas do Ó

Cântico de Maria (versão 1) – Ó mistério 13
Cântico de Maria (versão 2) – Ó Senhor, ó Adonai 32
Cântico de Maria (versão 3) – Ó Raiz de Jessé 37
Ó... Ó Chave de Davi 43
Ó... Ó Emanuel 59
Ó... Ó Libertação 20
Ó... Ó Mistério 13
Ó... Ó Raiz de Jessé 37
Ó... Ó Rei das nações 54
Ó... Ó Sabedoria 26
Ó... Ó Senhor, ó Adonai 32
Ó... Ó Sol do Oriente 49

Despedida

Hino à virgem fiel 87
Salve, Maria (faixa 25) 87

SUMÁRIO

INTRODUÇÃO 5

1º Dia – 15 de dezembro 11

2º Dia – 16 de dezembro 17

3º Dia – 17 de dezembro 23

4º Dia – 18 de dezembro 29

5º Dia – 19 de dezembro 35

6º Dia – 20 de dezembro 41

7º Dia – 21 de dezembro 46

8º Dia – 22 de dezembro 52

9º Dia – 23 de dezembro 57

CANTOS ALTERNATIVOS 63

BÊNÇÃO DA CASA 89

BÊNÇÃO DA MESA 89

ÍNDICE ALFABÉTICO DO REPERTÓRIO 91

ÍNDICE DO REPERTÓRIO 93

Rua Dona Inácia Uchoa, 62
04110-020 – São Paulo – SP (Brasil)
Tel.: (11) 2125-3500
http://www.paulinas.com.br – editora@paulinas.com.br
Telemarketing e SAC: 0800-7010081